중급

일본어다운 일본어 독해

사람in
saramin.com

머리말

본 교재는 초급단계의 입문이나 문법을 통해 일본어에 익숙해진 학생들을 대상으로 만든 초급 후반에서 중급 초반의 독해 교재입니다.

일반적인 기본 문형을 사용하여 학습자가 직접 문을 만들어보고, 그 용법을 익힘과 동시에 각 과의 본문의 줄거리를 파악하고, 요점을 정리해 보는 방법을 통하여 본문과 연관된 주제로 작문을 해 보거나 화제를 발전시켜 상호 토론 등을 함으로써 독해력뿐만 아니라 회화실력, 작문실력도 함께 향상시켜 나갈 수 있을 것입니다.

독해 교재는 무엇보다도 학습자의 흥미에 부응해야만 한다고 생각합니다. 학습자의 지적 관심에 대한 정당한 평가가 있어야 하는 것은 말할 것도 없지만, 동시에 독파를 위한 노력 뒤에 뭔가 만족감이나 성취감이 남아야 한다는 것입니다. 저희 집필자는 외국어를 통해 지적인 흥미와 향학열을 만족시키고 싶은 마음으로 정성을 다해 본 교재를 편찬하였습니다.

각 과의 본문은 650자~900자 정도로 쉬운 것에서부터 점차 어려운 본문으로 이어지는 일상생활, 일본 사회, 문화, 역사, 속담 등 14편의 본문으로 구성되어 있습니다. 또한 각 과마다 내용파악과 어휘력 향상을 고려하여 작성된 연습문제는 학습자가 내용파악을 보다 확실히 할 수 있도록 구성하였습니다. 아무쪼록 이 교재가 일본어를 배우는 모든 분들에게 유익한 교재가 되길 간절히 바랍니다.

이 교재가 나오기까지 곤치하루(今千春) 교수님을 비롯하여 금강대학교 통상행정학부 학생들 및 나귀자 씨 등 여러분의 집필 협력을 받았음을 밝히며 머리 숙여 진심으로 감사를 드립니다. 끝으로 이 교재가 출판되기까지 힘써 주신 사람in 관계자 여러분께도 감사의 말씀 드립니다.

집필자 일동

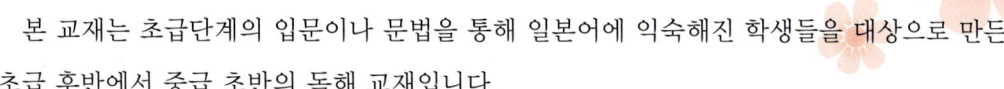

차 례

▶대상 레벨

본 교재는 문자학습, 기초적인 문법사항, 간단한 회화학습을 공부한 학습자부터 간단한 일본어 문장은 사전 없이 읽을 수 있을 정도의 학습자까지를 대상으로 하고 있습니다. 레벨별로 여러 가지 문제를 준비해 두었기 때문에 가르치는 교사의 생각에 따라 초급 후반부터 중급 후반 정도까지 대응할 수가 있습니다.

▶교재의 특징

1. 본문은 전부 창작문

본문은 모두 창작문입니다. 한국인 교수와 일본인 교수의 공동 작업에 의해, 학습자에 있어서 읽기 쉽고 일본어의 자연스러움을 잃지 않는 본문으로 되어있습니다. 한국인 학습자가 관심을 갖고 몰두할 수 있도록 고려하여 본문의 내용이나 문제를 궁리하였습니다.

2. 내용중시의 독해

난이도를 고려하면서 학습자가 즐겁게 읽을 수 있도록 여러 가지 화제(topic)를 취급하였습니다. 손쉽게 읽을 수 있는 주변 이야기, 일본에 대해서 즐겁게 배울 수 있는 이야기, 한국과 일본의 문화적인 차이나 서로 다른 문화 커뮤니케이션을 취급한 이야기가 있습니다. 주변 이야기에서는 자기 자신의 일이나 가족, 친구의 일도 되돌아보면서 즐겁게 배울 수 있고, 일본에 대한 이야기나 한일 간의 차이점에 대한 이야기에서는 일본에 관한 일이나 외국인, 특히 일본인과의 교류를 위하여 알아 둘 필요가 있는 것을 자연스럽게 배울 수가 있습니다.

3. 여러 가지 레벨, 학습 목적에 대응

학생의 레벨이나 학습목적, 교사의 강의 스타일에 맞추어 사용할 수 있도록 문제를 구성하였습니다. 모든 문제를 강의에서 취급하지 않고 예습, 복습, 숙제 등으로 이용할 수가 있습니다. 각 과의 구성, 난이도별 강의를 참고해 주십시오.

▶교재의 전체 구성

본 교재는 본문이 취급한 화제(topic)별로 전체 구성이 되어 있습니다. 화제(topic)의 종류, 문장의 스타일, 난이도는 아래와 같이 나뉘어져 있습니다. 또한 일본에 관한 7가지 칼럼(column)이 있으니 자유롭게 사용하십시오.

<table>
<tr><th>화제(topic) 종류</th><th>과</th><th>문장 스타일</th><th>난이도</th></tr>
<tr><td>주변의 보편적인 이야기</td><td>1과 家族
2과 血液型と性格
3과 夢</td><td>평이한 문장</td><td>저</td></tr>
<tr><td>일본지식에 관한 이야기</td><td>4과 祭り
5과 日本人の怖がるもの
6과 ことわざで学ぶ日本語
7과 歌舞伎から生まれた言葉</td><td rowspan="2">간결한 설명문</td><td rowspan="2">중</td></tr>
<tr><td rowspan="3">異文化, 커뮤니케이션에 관한 이야기</td><td>8과 国際感覚とは何か
9과 韓国と日本の食文化
10과 泣かない日本人？</td></tr>
<tr><td>11과 わたしが出会った日本人
12과 韓国人の優しさ</td><td>에세이</td><td rowspan="3">고</td></tr>
<tr><td>13과 日本人とのコミュニケーション</td><td rowspan="2">설명문</td></tr>
<tr><td>지식, 정보 중시 이야기</td><td>14과 現代日本の偉人</td></tr>
</table>

본문(本文)

모두 자연스럽고 알기 쉬운 일본어로 구성되어 있습니다. 한자의 ふりがな는 학생들의 학습을 위하여 굳이 달지 않았습니다. 어구에 모두 ふりがな를 달아 놓았으니 그쪽에서 확인하도록 하여 주십시오. 본문은 초급이라면 음독을 하면서 전체적으로 읽으면서 진행하는 것도 좋고, 어느 정도 실력이 있는 경우는 교사가 시간을 재면서 묵독을 하면 속독 훈련이 됩니다.

어구(語句)

중요한 어구를 본문에 나온 순서로 정리하였습니다. 예습, 복습, 혼자서 읽을 때에 참고로 사용할 수 있습니다.

내용확인(内容確認)

본문의 내용을 바르게 이해하고 있는지를 확인하는 정오(正誤)문제와 본문의 문장 의미를 발췌한 문제가 있습니다. 본문을 한번 읽어본 후에 문제를 풀어보면 학생이 어느 정도 내용을 이해하고 있는지를 확인할 수가 있습니다.

문형(文型)

본문에 나오는 중요한 문형을 공부합니다. 본문에서의 사용법, 예문, 작문연습이 있습니다.

생각해보자(考えてみよう)

응용문제입니다. 본문을 읽기만 하는 것이 아니라 쓰거나, 이야기하는 표현활동으로도 활용해 나갈 수 있습니다. 본문의 내용을 학생 자기 자신에 접근시켜서 생각함으로써 각 과의 테마를 보다 깊게 이해하는데 도움이 될 것입니다.

▶교재 사용법에 대한 힌트

이 교재의 가장 큰 특징은 교사나 학생의 레벨이나 수업 스타일에 따라 여러 가지로 사용할 수 있다는 것입니다. 학습의 목적별, 레벨별로 강의 예를 소개하겠으니 꼭 참고로 하여 주십시오. 또 새로운 사용법이나 교재를 사용해 보시고 개선해야 할 점이 있으시면 알려주시면 감사하겠습니다.

수업 예 ①

레벨 : 초급 후반

학습의 목적 : 일본어의 문장체에 익숙하게 한다. 새로운 어구나 문형을 배운다.

1 〈읽기 전에(読む前に)〉에서 워밍업. 읽을 내용에 대한 흥미를 환기시킨다. 한국어를 사용해도 좋다.

2 본문을 읽는다. 한 문장씩 전체적으로 음독(音読)하면서 어구의 의미나 읽는 법도 확인한다.

3 문형을 교사가 설명한다. 연습문제의 작문을 하여, 적절한 문인지 어떤지를 전체적으로 확인한다.

4 시간이 없으면 작문의 나머지 부분을 숙제로 한다.

수업 예 ②

레벨 : 중급

학습의 목적 : 문장의 독해력을 높인다. 새로운 어구나 문형을 배운다.

1 어구는 각자가 예습하도록 한다.

2 〈읽기 전에(読む前に)〉에서 워밍업. 읽을 내용에 대한 흥미를 환기한다.
한국어를 사용해도 좋다.

3 본문을 읽는다. 시간을 충분히 부여하여 묵독(黙読)시킨다.

4 내용확인의 문제를 풀어 답을 맞춰보고 내용을 이해하고 있는지 확인한다.

5 문형을 교사가 설명한다. 연습문제의 작문을 하고, 적절한 문인지 어떤지를 전체적으로 확인한다.

6 작문의 나머지 부분을 숙제로 한다.

수업 예 ③

레벨 : 중급 후반

학습의 목적 : 속독 연습. 일본어의 이해에서 일본어로 표현하는 응용.

1 문형, 어구는 각자가 예습하도록 한다.

2 〈읽기 전에(読む前に)〉에서 워밍업. 읽을 내용에 대한 흥미를 환기한다.
이 단계부터 일본어만으로 진행한다.

3 본문을 읽는다. 시간을 정해두고 제한 시간 내에 읽도록 지시하고 묵독(黙読)시킨다.

4 내용확인의 문제를 풀어 답을 맞춰보고 내용을 이해하고 있는지 확인한다.

5 생각해 보자(考えてみよう)의 문제를 사용하여 교실활동을 행한다.

6 숙제로서 칼럼을 읽어오게 한다.

*생각해 보자(考えてみよう), コラム(칼럼)는 학기말 리포트로 이용도 가능하다.

01

家族

読む前に

❶「家族」という言葉から、何を連想しますか。

❷ 家族に短い手紙を書くとしたら、どんな内容にしますか。

家族

家族と言えば、何を思い浮かべるだろうか。両親と子供たちという家族構成だろうか。或いは、温かい食卓に笑いの絶えない家といった風景かもしれない。今日は、家族にまつわる短い話を二つ紹介したいと思う。

まず一つ目は、アメリカの話である。ある高校に、海外から移民した学生たちのために英語を無料で教えてくれるクラスがあった。ある日のこと、英語の先生が、学生たちに「FAMILY」という言葉の意味を質問した。学生たちは、「親と兄弟」「温もり」「愛」など、それぞれが知っていることや考えことを答えた。しかし、先生は首を振った。そして、こう答えてにっこり笑った。

「『FAMILY』とは、『Father And Mother, I Love You』という言葉の頭文字を合わせたものです」

二つ目の話は、日本で出版された、ある本の話だ。『日本一短い母への手紙』というその本は、田舎の小さな町役場の役人が思いついた公募から始まり、今では日本中の誰もが知っている有名な本になった。この中から、二つの手紙を紹介しよう。

お母さん、雪の降る夜に私を生んで下さってありがとう。

もうすぐ雪ですね。（51歳、男）

お母さん、私は大きくなったら家にいる。

「お帰り」と言って子供と遊んでやるんだよ。（9歳、女）

51歳の男性の手紙には、雪の季節に静かに母を想う気持ちが、9歳の女の子の手紙には大好きなお母さんのようになりたいという気持ちが表現されている。どちらも短い文章だが、母親への深い愛情が感じられ、読んだ人を温かい気持ちにしてくれる。

アメリカと日本の二つの話は、国境を越えて通じ合う家族の愛と絆について教えてくれる。今日家に帰ったら、普段は照れくさくて言えない言葉を、そっと家族に伝えてみてはどうだろうか。

語句

思《おも》い浮《う》かべる 떠올리다

両親《りょうしん》 부모님

構成《こうせい》 구성

或《ある》いは 혹은

温《あたた》かい 따스하다

食卓《しょくたく》 식탁

笑《わら》い 웃음

絶《た》える 끊기다

風景《ふうけい》 풍경

まつわる 관련되다

一《ひと》つ目《め》 첫 번째

海外《かいがい》 해외

移民《いみん》する 이민하다

ある日《ひ》 어느 날

質問《しつもん》する 질문하다

温《ぬく》もり 따스함

首《くび》を振《ふ》る 고개를 좌우로 흔들다

答《こた》える 대답하다

にっこり 방긋

頭文字《かしらもじ》 머리글자

合《あ》わせる 합하다

二《ふた》つ目《め》 두 번째

出版《しゅっぱん》される 출판되다

田舎《いなか》 시골

町役場《まちやくば》 동사무소

役人《やくにん》 공무원

思《おも》いつく 생각해내다

公募《こうぼ》 공모

始《はじ》まる 시작되다

有名《ゆうめい》だ 유명하다

想《おも》う 생각하다

文章《ぶんしょう》 문장

愛情《あいじょう》 애정

国境《こっきょう》 국경

越《こ》える 넘다

通《つう》じ合《あ》う 통용되다

絆《きずな》 유대

普段《ふだん》 평소

照《て》れくさい 멋쩍다

そっと 가만히

伝《つた》える 전하다

内容確認

1. 本文と同じ意味のものに○、違うものに×をつけなさい。

(　　) ある英語の先生の質問に、学生たちは全然答えることができなかった。

(　　)『日本一短い母への手紙』は田舎の役人が考えた公募から始まった。

(　　)『日本一短い母への手紙』は読む人の心を温かくしてくれる。

(　　) アメリカと日本の二つの家族に関する話は、現代人のさみしい人間関係を思わせるものだ。

2. 二つの短い手紙はどんな手紙だと筆者は言っていますか。45字以内で書きなさい。

____

____

____

____

____

____

3. アメリカと日本の話は、私たちに何を教えてくれますか。本文から16字で抜き出しなさい。

____

____

____

____

____

____

文型

① ～と言えば

本文 家族と言えば、何を思い浮かべるだろうか。

- 吉田さんと言えば漫画というくらい、彼の漫画好きは有名だ。
- 浅草と言えば、昔から下町として有名なところだ。
- 山本さんと言えば、どこに行ったのか、姿が見えませんね。

(1) 韓国と言えば、＿＿＿＿＿＿＿＿＿＿＿＿＿＿＿＿

(2) このクラスで一番日本語がうまい人と言えば、＿＿＿＿＿＿＿＿

(3) ＿＿＿＿＿＿＿＿＿＿＿＿＿＿＿＿＿＿＿＿

(4) ＿＿＿＿＿＿＿＿＿＿＿＿＿＿＿＿＿＿＿＿

② ～かもしれない

本文 或いは、温かい食卓に笑いの絶えない家といった風景かもしれない。

- 雨が降るかもしれないから、傘を持って行こう。
- 私は、それはおかしいと思うが、もしかしたらちがう意見もあるかもしれない。
- 小田さん、何回電話しても出ませんね。携帯電話を家において出かけたのかもしれません。

(1) 私は、10年後には、＿＿＿＿＿＿＿＿＿＿＿＿＿＿＿＿

(2) 私たちの先生は、＿＿＿＿＿＿＿＿＿＿＿＿＿＿＿＿

(3) ＿＿＿＿＿＿＿＿＿＿＿＿＿＿＿＿＿＿＿＿

(4) ＿＿＿＿＿＿＿＿＿＿＿＿＿＿＿＿＿＿＿＿

③ ～という

本文 『FAMILY』とは、『Father And Mother, I Love You』という言葉の頭文字を合わせたものです。

- これは、レンギョウという花です。
- さっき、竹之内さんという人から電話がありましたよ。
- 先週「いま、会いにゆきます」という映画を見たんだけど、すごく感動的だったよ。

(1) 韓国には、サムゲタンという ________________

(2)「________」という言葉は、________________

(3) ________________

(4) ________________

④ ～たら

本文 私は大きくなったら家にいる。

- この仕事が終わったら、長い休みを取るつもりだ。
- もし宝くじに当たったら、なんでも買ってあげるよ。
- 教師になったら、子供たちに命の大切さを教えたい。

(1) 私は学校を卒業したら、________________

(2) 夏休みになったら、________________

(3) ________________

(4) ________________

考えてみよう

1. 本文で紹介されている二つの手紙について話してみましょう。
   どんな気持ちで、どんな意味を込めて書いたものだと思いますか。
2. あなたの大切な人に、5行程度の短い手紙を書いてみましょう。
3. 日本語の手紙の書き方や宛名の書き方を習って、手紙を書いてみましょう。

目上の人への手紙・仕事の手紙

（相手の名前）　　　　　　　　　　様／先生

拝啓 ①

（時候の挨拶）②

（本文）

（結びの言葉）③

敬具 ①

年　月　日

（自分の名前）

▶ 正式な手紙は決まった形式を使って書きます。

① 頭語と結語－「拝啓」と「敬具」など、決まり文句をセットで使います。

② 時候の挨拶－季節の挨拶や相手の安否を尋ねる言葉、感謝の言葉などを入れます。

③ 結語－終わりの挨拶です。相手の体調を気遣う言葉などを使います。

友達への手紙

＿＿＿＿＿＿＿＿＿＿＿＿へ

＿＿＿＿＿＿＿＿＿＿＿＿より

▶ 友達への手紙には、特に決まった形式はありませんが、手紙の最初に「お元気ですか」と書くことが多いです。

コラム

三を好む日本人

日本人は、数字の三が好きだ。「日本の三大《さんだい》〇〇」「御三家《ごさんけ》」から「三K」「三高《さんこう》」まで、何かと言うと三をつけたがる(それぞれ何を意味するかは、コラムの続きでご確認を)。このコラムでは、数多くの三にまつわる言葉の中から代表的なものを紹介し、日本語を勉強する皆さんに日本文化のエッセンスをお見せしたい。

02

血液型と性格

読む前に

❶ 皆さんは、血液型で人の性格が分かると思いますか。

❷ あなたは血液型占いを信じますか。

血液型と性格

下の文章を読んで、鈴木さん、山下さん、田中さん、林さんの血液型を当ててみよう。

鈴木さんはきちょうめんな性格で、部屋はいつもきれいに整理整頓してある。授業を欠席したことはほとんどないし、仕事もきちんとするので、アルバイト先でも信頼されている。しかし、完璧主義のせいか少し神経質なところがあり、ストレスをためやすいのが玉に傷だ。

山下さんは、明るくてやさしい人だ。純粋でロマンチストなところがあって、感動的な映画を観ると思わず泣いてしまうそうだ。細かいことはあまり気にしない方で、肝がすわっていると誉められることもあるが、反対に大雑把すぎて気が利かないと言われることもある。しかし、いざという時には頼りになるので、友達が多い。

田中さんは、自由奔放で気ままな性格だ。様々な分野に関心を持っていて話題が豊富なので、一緒にいると楽しく魅力的に感じられる。しかし、やりたいことはとことんやり、関心がないことはやらないという態度から、自分勝手だと言われることもある。

林さんは、個性的な人だ。バンド活動をしたり絵を描いたり、趣味が多く多才である。ただ、自分ではそんなつもりはないのだが、気まぐれなところがあるためか、時々「本当の姿がよく分からない」と言われる。

さて、この四人の血液型は何だろうか。実は、四人は実在の人物ではなく、各血液型の典型と言われる性格を簡単にまとめて、日本人によくある名字をつけたものだ。実際には、血液型と性格との関係には科学的根拠はないにも関わらず、血液型の話が好きな人は多く、初対面の時の軽い話題としても好まれている。

語句

血液型《けつえきがた》 혈액형

性格《せいかく》 성격

当《あ》てる 맞히다

きちょうめんだ 꼼꼼하다

整理整頓《せいりせいとん》 정리정돈

きちんと 깔끔히, 말끔히

信頼《しんらい》する 신뢰하다

完璧主義《かんぺきしゅぎ》 완벽주의

神経質《しんけいしつ》 신경질

玉《たま》に傷《きず》 옥에 티

純粋《じゅんすい》 순수

ロマンチスト 로맨티스트

感動的《かんどうてき》 감동적

思《おも》わず 무의식중에, 무심코

細《こま》かい 꼼꼼하다, 세심하다

気《き》にする 걱정하다, 마음에 두다

肝《きも》がすわる 배짱이 두둑하다

誉《ほ》める 칭찬하다

大雑把《おおざっぱ》 대범함

気《き》が利《き》く 생각이 잘 미치다

いざという時《とき》 만일의 경우

頼《たよ》る 의지하다

自由奔放《じゆうほんぽう》 자유분방

気《き》まま 제멋대로 굶

話題《わだい》 화제

豊富《ほうふ》 풍부

魅力的《みりょくてき》 매력적

とことん 끝까지, 철저히

自分勝手《じぶんがって》 제멋대로임

個性的《こせいてき》 개성적

バンド 밴드(band)

多才《たさい》 재주가 많음

気《き》まぐれ 변덕스러운 성격

典型《てんけい》 전형

名字《みょうじ》 성

科学的《かがくてき》 과학적

根拠《こんきょ》 근거

初対面《しょたいめん》 첫 대면

内容確認

1. 本文の鈴木さん、山下さん、田中さん、林さんはそれぞれ何型だと思いますか。

鈴木さん	•	•	A型
山下さん	•	•	B型
田中さん	•	•	O型
林さん	•	•	AB型

2. 本文と同じ意味のものに○、違うものに×をつけなさい。

(　　) 少し神経質なところがあり、ストレスをためやすいのはAB型である。

(　　) 大雑把すぎて気が利かないと言われているのはO型である。

(　　) 関心がないことはやらないという態度から、自分勝手だと言われているのはB型である。

(　　) 個性的で、趣味が多く多才だが、時々「本当の姿がよく分からない」と言われているのはA型である。

3. 本文をよく読んで、「A型」「B型」「O型」「AB型」それぞれの長所と短所を下の表に書いてみましょう。

血液型	長所	短所
A型		
B型		
O型		
AB型		

文型

① ～てある

本文 部屋はいつもきれいに整理整頓してある。

- 教室の壁に日本の地図が貼ってある。
- 電車の中に忘れたかばんは、事務所に届けてあった。
- 去年もらったボーナスはぜんぜん使わずに銀行に預けてある。

(1) 朝、教室に入ったら、＿＿＿＿＿＿＿＿＿＿

(2) 先週の宿題は＿＿＿＿＿＿＿＿＿＿

(3) ＿＿＿＿＿＿＿＿＿＿

(4) ＿＿＿＿＿＿＿＿＿＿

② ～てしまう

本文 感動的な映画を観ると思わず泣いてしまうそうだ。

- 悪いと知りながら、うそをついてしまう。
- ついうっかりして先生との約束をわすれてしまった。
- この携帯電話、昨日買ったばかりなのに、もう故障してしまった。

(1) 傘を持ってないのに、＿＿＿＿＿＿＿＿＿＿

(2) 植木には水をやらないと、＿＿＿＿＿＿＿＿＿＿

(3) ＿＿＿＿＿＿＿＿＿＿

(4) ＿＿＿＿＿＿＿＿＿＿

③ ～こともある

本文 自分勝手だと言われることもある。

- 夕食のあとテレビを見るが、見ないで寝ることもある。
- たまには朝寝坊をして学校に遅れることもある。
- 親しい友達でもときどきけんかをすることもある。

(1) 試合は勝つこともあれば、＿＿＿＿＿＿＿＿＿＿

(2) うちの学校の試験はいつも難しいが、＿＿＿＿＿＿＿＿＿＿

(3) ＿＿＿＿＿＿＿＿＿＿

(4) ＿＿＿＿＿＿＿＿＿＿

④ ～にも関わらず

本文 血液型と性格との関係には科学的根拠はないにも関わらず、血液型の話が好きな人は多く、初対面の時の軽い話題としても好まれている。

- 一生懸命に勉強したにも関わらず、今回の成績もよくなかった。
- みんなが反対したにも関わらず、彼女との結婚を決めた。
- この商品は値段が安いにも関わらず、あまり売れなかった。

(1) あの人はたくさん食べる ＿＿＿＿＿＿＿＿＿＿

(2) 雨が降ったにも関わらず、＿＿＿＿＿＿＿＿＿＿

(3) ＿＿＿＿＿＿＿＿＿＿

(4) ＿＿＿＿＿＿＿＿＿＿

考えてみよう

1. あなたの血液型と性格は、一般的にいわれている血液型の特徴と一致していますか。
2. 血液型と相性は関係あると思いますか。
3. あなたは恋愛の相手として「何型」が好きですか。

コラム

日本三景《にほんさんけい》

日本三景《にほんさんけい》とは、日本で一番景色が素晴らしい三つの名所のことで、松島《まつしま》(宮城県《みやぎけん》松島町《まつしまちょう》)、天橋立《あまのはしだて》(京都府《きょうとふ》宮津市《みやづし》)、宮島《みやじま》(広島県《ひろしまけん》宮島町《みやじまちょう》)がある。この三大名所《さんだいめいしょ》はいずれも海に面していて海岸線が美しく、海《うみ》と空《そら》の青《あお》と松《まつ》の緑《みどり》という自然の調和を楽しむことができる。

松島《まつしま》には、昔、日本の有名な俳人《はいじん》松尾芭蕉《まつおばしょう》が訪れ、あまりの絶景に句が浮かばず、「松島や ああ松島や 松島や」という歌を詠《よ》んだという逸話《いつわ》が残っている(この句の本当の作者は異なるという説もある)。天橋立《あまのはしだて》は、文字通《もじどお》り海の上に橋のように陸が浮かび、別名《べつめい》「天に通う神秘の橋」とも言われている。日本の古代神《こだいしん》の伝説が数多く残っている場所でもある。宮島は、古代から島そのものが神として信仰の対象とされ、1996年に世界文化遺産に指定された神社がある。青い海の上に浮かぶ赤い大鳥居《おおとりい》は日本の観光シンボルでもある。また、日本でただ一つの海の上の能舞台《のうぶたい》があるので、日程を調べていって能《のう》を鑑賞するのもいいだろう。祭りの日には、宮島特有の踊りを見物することもできる。

03

夢

読む前に

❶ あなたの子供の頃の夢はなんでしたか。

❷ 韓国で、子供に人気のある職業ベスト３はなんですか。

夢

子供の頃、あなたはどんな夢を持っていただろうか。日本で子供たちの将来の夢の上位を占める職業と言えば、男の子はパイロットやサッカー選手、女の子は歌手、ケーキ屋さん、先生などがある。昔は野球選手が人気だったが、Jリーグが誕生してからはサッカー選手に上位の座を奪われてしまった。また、中国では子供の夢の上位に社長、韓国では医者や教師が必ず挙がるという話で、時代やお国柄によって子供たちの夢も変わるらしい。

夢は個人的なものであると同時に、社会的なものでもある。子供たちの描く夢は、彼らの生きる社会の価値観を反映しているからだ。近年、「夢がない」という子供が徐々に増えているという。「こうなりたい」という具体的なヴィジョンが見えず、地道な努力を嫌い、その日その日を楽しく生きたいと考える。このような子供たちの姿が映し出す社会とは、どのようなものだろうか。

さて、子供から大人に近づいた現在のあなたの夢は何だろう。昔と同じだろうか。それとも少し変わっただろうか。その夢を実現するには、どんなステップを踏めばいいのだろう。将来の夢や就きたい仕事、そこに到達するまでの道のりを紙に書いて、計画を立てることをキャリアプランと言う。短くは数ヶ月、長くは数十年の単位で考えることができる。大きな夢に近づくには、まず小さな一歩から。あなただけの夢を叶えるために、キャリアプランを立ててみよう。

語句

将来《しょうらい》 장래

上位《じょうい》を占《し》める 상위를 차지하다

職業《しょくぎょう》 직업

パイロット 파일럿

サッカー 축구

選手《せんしゅ》 선수

歌手《かしゅ》 가수

ケーキ屋《や》さん 제과점, 제과점주인

野球《やきゅう》 야구

人気《にんき》 인기

座《ざ》を奪《うば》われる 자리를 뺏기다

医者《いしゃ》 의사

教師《きょうし》 교사

時代《じだい》 시대

お国柄《くにがら》 그 나라의 특성

個人的《こじんてき》 개인적

社会的《しゃかいてき》 사회적

描《えが》く 그리다

価値観《かちかん》 가치관

反映《はんえい》する 반영하다

近年《きんねん》 근년

徐々《じょじょ》に 서서히

増《ふ》える 늘어나다

具体的《ぐたいてき》 구체적

ヴィジョン 비전

地道《じみち》な努力《どりょく》 착실한 노력

映《うつ》し出《だ》す 반영하다

実現《じつげん》する 실현하다

ステップを踏《ふ》む 스텝을 밟다

就《つ》く 취임하다, 취업하다

道《みち》のり 여정

計画《けいかく》を立《た》てる 계획을 세우다

キャリアプラン career plan

夢《ゆめ》を叶《かな》える 꿈을 이루다

内容確認

1. 本文と同じ内容のものに○、違うものに×をつけなさい。

(　　) 夢というのは、親から決めてもらうものである。

(　　) 最近、夢を持たない子供が増えている。

(　　) 誰でも自分の夢を叶えるには、少なくとも数十年かかる。

(　　) 日本の男の子に人気のある職業は、パイロットやサッカー選手などである。

2. 「夢がない」子供が増えているのはなぜですか。

____

____

____

____

3. 夢を実現するには、どんなステップを踏めばいいのでしょうか。必要なことを書き出してみましょう。

____

____

____

____

____

____

文型

① ～らしい

本文 時代やお国柄によって子供たちの夢も変わるらしい。

- 部長は午後三時には会社にもどるらしい。
- うわさによると、今年の夏は猛暑になるらしい。
- 新しく出たノートパソコンはとても軽くて便利らしい。

⑴ 彼はどうやら学校を辞めて ______________________

⑵ 夜中に雨が降ったらしく、______________________

⑶ ______________________

⑷ ______________________

② ～と同時に

本文 夢は個人的なものであると同時に、社会的なものでもある。

- いい製品を作ろうと、努力すると同時に、値段を安くすることも考えるべきである。
- 子供はいいことをしたらほめてやるが、それと同時に悪いことをしたら叱ることも忘れてはならない。
- 高速道路が増えると、交通が便利になると同時に事故も多くなる。

⑴ 彼は豊かな才能を持つと同時に ______________________

⑵ この辺の住宅街は、便利であると同時に ______________________

⑶ ______________________

⑷ ______________________

3 ～ず

本文 「こうなりたい」という具体的なヴィジョンが見えず、地道な努力を嫌い、その日その日を楽しく生きたいと考える。

- さむからず、あつからず、ちょうどいい気候になりました。
- 雨にも負けず、風にも負けず、毎日働き続けた。
- すべきこともせずに怠けていてはいけない。

(1) あの人は怒りもせず、＿＿＿＿＿＿＿＿＿＿＿＿＿＿＿＿

(2) テスト前日は、ほとんど寝ずに、＿＿＿＿＿＿＿＿＿＿＿＿＿＿＿＿

(3) ＿＿＿＿＿＿＿＿＿＿＿＿＿＿＿＿＿＿＿＿＿＿＿＿＿＿＿＿＿＿＿＿

(4) ＿＿＿＿＿＿＿＿＿＿＿＿＿＿＿＿＿＿＿＿＿＿＿＿＿＿＿＿＿＿＿＿

4 ～には

本文 その夢を実現するには、どんなステップを踏めばいいのだろう。

- 試合に勝つには、毎日休まず、練習しなければならない。
- 彼女と結婚するには、小さくても家が必要です。
- 将来の自分の夢を叶えるには、少なくとも五億円がほしい。

(1) 来年から留学するには ＿＿＿＿＿＿＿＿＿＿＿＿＿＿＿＿

(2) 外国語の文章を翻訳するには ＿＿＿＿＿＿＿＿＿＿＿＿＿＿＿＿

(3) ＿＿＿＿＿＿＿＿＿＿＿＿＿＿＿＿＿＿＿＿＿＿＿＿＿＿＿＿＿＿＿＿

(4) ＿＿＿＿＿＿＿＿＿＿＿＿＿＿＿＿＿＿＿＿＿＿＿＿＿＿＿＿＿＿＿＿

考えてみよう

1. 高校までの夢はなんでしたか。
2. あなたの今の夢はなんですか。その夢は、子供の頃の夢と関係がありますか。
3. あなたの夢を実現させるために、必要なことはなんですか。
   あなただけのキャリアプランを立ててみましょう。（表1を参考に）

（表１）

私の夢		
	私の目標	そのためにすること
1ヵ月後		
3ヵ月後		
1年後		
3年後		
5年後		
10年後		

04

祭り

読む前に

❶ 日本の祭りについて知っていることを話してみよう。

❷ 韓国と日本の祭りを比較して、似ているところと違うところを話してみよう。

祭り

日本人なら誰でも、お祭りの思い出があるはずだ。幼い頃、浴衣を着て、両親に手を引かれて出かけた近所のお祭り。色とりどりのお面にヨーヨー、金魚すくいは子供たちを惹きつける。屋台からはお好み焼きや綿飴の美味しそうな匂いが漂ってくる。見慣れた街がキラキラ光って見える、夢のような一時だ。

お祭りとは「神を祀る」から派生した言葉であり、元来宗教行事として行われていた。現代でも神社や寺院が主催するのに変わりはないが、宗教色は薄れ、人々が日ごろ味わえない開放感と非日常を楽しむ一種のイベントのようなものになっている。

日本では、京都の祇園祭りや青森のねぶた祭りのような有名な祭り以外にも、全国どこに行っても地域に根付いた特有の祭りがある。『全国祭祀祭礼総合調査』によると、日本全国の祭りの数は、なんと三十万以上になるそうだ。祭りの主役も、人々が肩でかつぐ御輿、紐をつけて引っ張る山車、そして盆踊りなど様々だ。また近年では、地域の活性化のために市が主催するお祭りも生まれている。北海道札幌市が主催する札幌雪祭りはその代表であり、海外からも多くの観光客が訪れる冬の観光名物になっている。

お祭りの中には、見て楽しむだけでなく、観光客が参加できるものもある。山形花笠祭りでは、練習を重ねた地元チームの人々がきれいな衣装を着て踊るが、一般の人々もその後ろについて踊ることができる。もし機会があれば、事前に踊りの練習をして、当日飛び入り参加してみるのも面白いだろう。

お祭りを成功させるための地元の人々の入念な準備と情熱には並々ならぬものがある。年に一度のその日を目指して、毎日練習を重ね、老若男女が一体となって声を上げる。祭りを成功させるための努力と団結力は、①戦後劇的な経済成長を遂げた日本の原動力にもつながると言われている。

語句

思《おも》い出《で》 추억

幼《おさな》い 어리다

近所《きんじょ》 근처

色《いろ》とりどり 가지각색

お面《めん》 얼굴, 가면

惹《ひ》きつける 매혹하다

屋台《やたい》 노점상

綿飴《わたあめ》 솜사탕

匂《にお》い 냄새

漂《ただよ》う 감돌다

見慣《みな》れる 낯익다

一時《ひととき》 잠시, 잠깐, 일시적

祀《まつ》る 제사 지내다

派生《はせい》する 파생하다

宗教色《しゅうきょうしょく》 종교색

日《ひ》ごろ 평소

味《あじ》わう 맛보다

開放感《かいほうかん》 해방감

一種《いっしゅ》 일종

根付《ねづ》く 뿌리를 내리다

特有《とくゆう》 특유

祭祀《さいし》 제사

祭礼《さいれい》 제례

総合《そうごう》 종합

主役《しゅやく》 주역

かつぐ 짊어지다

つける 붙이다

引《ひ》っ張《ば》る 끌어당기다

訪《おとず》れる 방문하다

名物《めいぶつ》 명물

花笠《はながさ》 꽃 삿갓

重《かさ》ねる 반복하다

当日《とうじつ》 당일

飛《と》び入《い》り 불시에 참가함

入念《にゅうねん》だ 공들이다

情熱《じょうねつ》 정열

並々《なみなみ》 보통 정도

老若男女《ろうにゃくなんにょ》 남녀노소

一体《いったい》 한 몸

声《こえ》を上《あ》げる 소리를 지르다

劇的《げきてき》だ 극적이다

遂《と》げる 이루다

内容確認

1. 本文と同じ意味のものに○をつけなさい。

（　　）お祭りは、見て楽しむだけのものである。

（　　）神社や寺院が主催する以外のお祭りもある。

（　　）お祭りのときには、見慣れた街がどんよりとして見える。

（　　）お祭りの主役は様々だ。

2. 現代の「お祭り」はどのようなものになっているか。60文字以内で説明しなさい。

____

____

____

____

____

3. 下線①戦後劇的な経済成長を遂げた日本の原動力にもつながると言われている、とあるがそれはなぜか。選択肢の中から正しいものを二つ選びなさい。

(1) お祭りが元来宗教行事であり、神社がお祭りを主催しているから。

(2) 老若男女が一体となる団結力がお祭りで育つから。

(3) 地元チームの人々がきれいな衣装を着て踊るから。

(4) お祭りを成功させるための努力と情熱が並々ならぬものであるから。

(5) 日本全国のお祭りの数は三十万以上もあるから。

文型

① ～(の)ような

本文 見慣れた街がキラキラ光って見える、夢のような一時だ。

- 彼のような人になりたい。
- 「タンスユク」とは日本で言う酢豚のような食べ物だ。
- この件については、もう他に方法はないような気がする。

(1) ______________________________食べ物は体に良い。

(2) 運動したら、______________________________ような気がする。

(3) ______________________________

(4) ______________________________

② ～によると

本文 『全国祭祀祭礼総合調査』によると、日本全国の祭りの数は、なんと三十万以上になるそうだ。

- 噂によると、彼女は結婚したらしい。
- 新聞によると、来年の国家予算が決定したそうだ。
- 祖父の話によると、昔この辺りには古い農家があったということだ。

(1) ニュースによると、______________________________

(2) ______________________________、今日の午後から雨が降るらしい。

(3) ______________________________

(4) ______________________________

③ ～そうだ (伝聞)

本文 『全国祭祀祭礼総合調査』によると、日本全国の祭りの数は、なんと三十万以上になるそうだ。

- 明日、転校生が来るそうだ。
- 高麗人参は健康に良いそうだ。
- ここ数ヵ月、交通事故の死者が激減しているそうだ。

(1) 今日の学食のメニューは、＿＿＿＿＿＿＿＿＿＿

(2) 明日の気温は今日の気温より、＿＿＿＿＿＿＿＿＿＿

(3) ＿＿＿＿＿＿＿＿＿＿

(4) ＿＿＿＿＿＿＿＿＿＿

④ ～だろう

本文 当日飛び入り参加してみるのも面白いだろう。

- 公園に行ってみるのも良いだろう。
- 明日もきっといい天気だろう。
- 彼はきっと待ち合わせの時間に来るだろう。

(1) 今、済州道は＿＿＿＿＿＿＿＿＿＿

(2) 朝曇っていたので、これから＿＿＿＿＿＿＿＿＿＿

(3) ＿＿＿＿＿＿＿＿＿＿

(4) ＿＿＿＿＿＿＿＿＿＿

考えてみよう

1. 日本のお祭りについて調べてみましょう。

2. 今まで経験したお祭りの中で、印象に残っているお祭りはどのようなお祭りですか。

05

日本人の怖がるもの

読む前に

❶ 世の中で怖いものを三つ挙げるとしたら、何を選びますか。

❷ あなたにとって、父親は怖い存在ですか。

日本人の怖がるもの

日本には「地震雷火事親父」という言葉がある。世の中で恐ろしいものを順に並べたもので、怖いものの筆頭に地震が挙がっている。なるほど、確かに日本は地震大国ニッポンなどと呼ばれ、地震が多いことで有名である。小学校では地震に備えて定期的に避難訓練を行っているし、防災グッズも根強い人気がある。最近では震災時に交通手段が止まっても家に帰れるように安全な道を記した「震災時帰宅支援・避難マップ」が飛ぶように売れたという話題もあった。

このように誰もが認める地震の次に続くのが雷と火事で、最後が親父である。雷と火事が怖いのもよく分かるが、ここに親父が顔を出すのはちょっと変な感じがする。台風とかお化けとか、他にいくらでもありそうなのに、なぜ親父が出てくるのだろう。

今では見る影もないが、一昔前、家父長制を重んじていた時代の日本では、父親は威厳があり、厳格で恐ろしい存在だった。父親の雷が落ちた日には、子供たちは心の底から震え上がったものだ。しかし恐ろしいだけではなく、「子は親の背を見て育つ」という言葉が表すように、多くを語らなくても、子供に人生の道を示すことができるのも父親だった。現代の物分りのいい「パパ」のイメージとはかけ離れた「親父」たちがいたのだ。

日本人の天災観をある人は、「一過性」と言った。どんなに恐ろしい災いも、一度過ぎてしまえばそれで終りということである。天災というものは、その一瞬さえじっと我慢すれば、後にまた平和がやってくるということからだ。地震や雷は一瞬の出来事だ。火事も燃えてしまえばそれまでである。親父が怒るのも母親がいつまでも愚痴を言い続けるのと違って、一度怒鳴ればそれで終りだという点では、先の三つの災害と同じ性格を持っているのかもしれない。

語句

地震《じしん》 지진

雷《かみなり》 천둥

親父《おやじ》 아버지

恐《おそ》ろしい 무섭다

順《じゅん》に 순서대로

並《なら》べる 늘어놓다

筆頭《ひっとう》 첫 번째

定期的《ていきてき》 정기적

～に備《そな》えて ～에 대비하여

避難訓練《ひなんくんれん》 피난 훈련

防災《ぼうさい》グッズ 방재 물품

根強《ねづよ》い 탄탄하다

記《しる》す 기록하다

帰宅支援《きたくしえん》 귀가 지원

認《みと》める 인정하다

顔《かお》を出《だ》す 나타나다

お化《ば》け 도깨비

見《み》る影《かげ》もない 볼 수 없다

家父長制《かふちょうせい》 가부장제

重《おも》んじる 중히 여기다

威厳《いげん》がある 위엄이 있다

厳格《げんかく》だ 엄격하다

雷《かみなり》が落《お》ちる 불호령이 떨어지다

心《こころ》の底《そこ》から 마음속에서

震《ふる》え上《あ》がる 부들부들 떨다

背《せ》 등

語《かた》る 이야기하다

物分《ものわか》りがいい 이해가 빠르다

かけ離《はな》れる 동떨어지다

天災観《てんさいかん》 재해에 대한 감각

一過性《いっかせい》 일시적임

どんなに 아무리

一瞬《いっしゅん》 한순간

じっと 가만히

我慢《がまん》する 참다

愚痴《ぐち》 푸념

怒鳴《どな》る 고함치다

内容確認

1. 日本人が怖がるものに「親父」があるのはどうしてですか。正しいものに○をつけなさい。

(　　) 父親は、怒ると子供をひどく殴るから。

(　　) 昔の日本では、父親は厳格で怖い存在だったから。

(　　) 現代の日本では、家庭内暴力が深刻な問題になっているから。

2. 本文の「父親の雷が落ちる」とはどういう意味ですか。正しい番号を選びなさい。

(1) 父親の上に雷が落ちること。

(2) 父親がひどく怒ること。

(3) 父親の使っているかつらが頭から落ちること。

3. 日本の天災観を文中ではどのように説明していますか。40文字で抜き出しなさい。

文型

① ～の筆頭に

本文 怖いものの筆頭に地震が挙がっている。

- 次のオリンピック出場候補の筆頭に挙がるのは、キム選手だ。
- 語学を活かす仕事の筆頭には、通訳、翻訳が挙げられる。
- 日本人が考える縁起の良い初夢《はつゆめ》の筆頭に挙がるのは、富士山である。

(1) ________________________ 国の筆頭に、韓国が挙がっている。

(2) 次の________ 候補の筆頭には、________________________

(3) ____

(4) ____

② ～(こと)で有名だ

本文 確かに日本は地震大国ニッポンなどと呼ばれ、地震が多いことで有名である。

- 彼は、遅刻が多いことで有名だ。
- 日本は温泉が多いことで有名だ。
- この店は安くてうまいことで有名だ。

(1) 韓国は ________________________ ことで有名だ。

(2) 私の故郷は、________________________ ことで有名です。

(3) ____

(4) ____

③ ～さえ～ば

本文 その一瞬さえじっと我慢すれば、後にまた平和がやってくるということからだ。

- あなたさえそばにいてくれれば、他にはなにもいらない。
- 事前に試験問題さえ分かれば、満点が取れるのに。
- 私さえ我慢すれば、全てうまくいくのだろうか。

(1) 勉強さえがんばれば ______________________

(2) お金さえあれば ______________________

(3) ______________________

(4) ______________________

④ ～という点

本文 親父が怒るのも、一度怒鳴ればそれで終りだという点では、先の三つの災害と同じ性格を持っているのかもしれない。

- 機能性という点ではソニーの製品が一番だ。
- この会社は給料はいいが、労働時間が長いという点が気になる。
- この犬は、飼いやすいという点で人気がある。

(1) ______________________という点では、日本と韓国は似ている。

(2) ______________________という点では、彼の意見も一理ある。

(3) ______________________

(4) ______________________

考えてみよう

1. 地震の怖さとは、どんなものだと思いますか。例に従って、世界的に有名な地震とその被害について調べてみましょう。

	地震の名前	日時	震度/マグニチュード	主な被害
1	スマトラ沖地震	2004年12月26日		
2	阪神・淡路大震災	1995年 1月 17日		
3				
4				
5				

2. クラスの中で、怖いものベスト3のアンケートを取ってみましょう。

コラム

日本三大ラーメン

日本人のラーメン好きは有名で、テレビ番組には「おいしいラーメン対決」や「ラーメン屋修行」などの番組が多く、人気のある店の前には長蛇《ちょうだ》の列ができる。ラーメン同好会などもあり、一杯のラーメンのためにわざわざ遠くまで出かけたり、何時間も並ぶほどの情熱を持つ人々もいる。日本では、お店のラーメンは普通生麺で、スープの味や具にも店主のこだわりがあり、一軒一軒味がちがう。また、地方によっても味や種類がちがうので、旅行をする時にはぜひその土地で有名なラーメンを食べてみることをお勧めしたい。

日本三大ラーメンは、北海道《ほっかいどう》の札幌《さっぽろ》ラーメン、福島県《ふくしまけん》の喜多方《きたかた》ラーメン、福岡県《ふくおかけん》の博多《はかた》ラーメンだ。それぞれ土地の名前がついていて、札幌ラーメンは味噌味、喜多方ラーメンはしょうゆ味、博多ラーメンはこってりとしたとんこつ味など、特色がある。この他にも普通の麺より太いちぢれ麺を使っていたり、具がちがっていたりする。ラーメンが好きな人は、ラーメンの食べ歩きをしていろいろ試してみるのも楽しいだろう。

06

ことわざで学ぶ日本語

読む前に

❶ 韓国の有名なことわざを五つ挙げてください。

❷ その中で、他の国にもあることわざはありますか。
　また、韓国にしかないことわざはどれですか。

ことわざで学ぶ日本語

ことわざには、人生の知恵がつまっている。それは、教訓であり、諭しであり、忠告であり、批評である。ことわざは、その意味を直接的に述べる場合もあるが、多くは比喩の形を借りて表現している。「棚からぼた餅」「海老で鯛を釣る」などは、少し聞いただけではどんな意味か全く分からないだろう。また、「情けは人のためならず」のように、「相手のためにしたことは、やがて自分のところに返ってくるものだ」という本来の意味に加えて「相手のためを思うなら、情けをかけずに厳しくするべきだ」と正反対の解釈が生まれたものもある。

世界のことわざを比べてみると、意味の似たことわざが多いことに驚く。例えば日本語の「郷に入っては郷に従え」は、英語の「Do in Rome as the Romans do」と全く同じ意味だ。日本と韓国のことわざにも、「三日坊主」や「隣の芝は青い」のようにほとんど同じ考えを表したものがある。おそらく人間の心理や生活の知恵には普遍的な部分があるために、自然と似た表現が生まれたのだろう。

一方で、その国特有の文化を表すことわざもある。「親しき仲にも礼儀あり」「言わぬが花」「出る杭は打たれる」などは日本社会の伝統的な価値観を表す代表的なことわざと言える。日本の文化背景についてある程度の知識がなければ、このことわざの意味を理解するのは難しいだろう。同様に、韓国のことを何も知らない人に「友達が成功して、私はお腹が痛いですよ」と言っても、その人はきょとんとするばかりである。このように、普遍的な教訓を示すだけでなく、ある文化のエッセンスを凝縮して見せてくれるのもことわざの魅力であり、言語学習に役立つと言われる所以である。

語句

ことわざ 속담

学《まな》ぶ 배우다

知恵《ちえ》 지혜

つまっている 담겨 있다

教訓《きょうくん》 교훈

諭《さと》し 타이름

忠告《ちゅうこく》 충고

批評《ひひょう》 비평

直接的《ちょくせつてき》に 직접적으로

述《の》べる 말하다

場合《ばあい》 경우

多《おお》くは 대개는

比喩《ひゆ》 비유

借《か》りる 빌리다

全《まった》く 전혀

相手《あいて》 상대방

やがて 머지않아

返《かえ》ってくる 돌아오다

厳《きび》しく 엄격하게

正反対《せいはんたい》 정반대

解釈《かいしゃく》 해석

生《う》まれる 생기다

比《くら》べる 비교하다

驚《おどろ》く 놀라다

表《あらわ》す 나타내다

おそらく 아마

普遍的《ふへんてき》 보편적

特有《とくゆう》 특유

伝統的《でんとうてき》 전통적

価値観《かちかん》 가치관

知識《ちしき》 지식

同様《どうよう》に 마찬가지로

きょとんとする 멍하게 있다

エッセンス 본질적 요소

凝縮《ぎょうしゅく》する 응축하다

魅力《みりょく》 매력

役立《やくだ》つ 도움이 되다

所以《ゆえん》 까닭, 이유, 근거

文中に出てくることわざ

棚《たな》からぼた餅《もち》 굴러들어온 호박

海老《えび》で鯛《たい》を釣《つ》る 새우로 고래를 낚다

情《なさ》けは人《ひと》のためならず

남을 도우면 결국 자신에게 득이 된다

郷《ごう》に入《い》っては郷《ごう》に従《したが》え

로마에 가면 로마법을 따르라

三日坊主《みっかぼうず》 작심삼일

隣《となり》の芝《しば》は青《あお》い 남의 떡이 커 보인다

親《した》しき仲《なか》にも礼儀《れいぎ》あり

친한 사이에도 예의를 지켜야 한다

言《い》わぬが花《はな》

입 밖에 내어 말하지 않는 편이 오히려 낫다

出《で》る杭《くい》は打《う》たれる 모난 돌이 정 맞는다

内容確認

1. 本文と同じ意味のものに○、違うものに×をつけなさい。

(　　) ことわざは、私たちにいろいろなことを教えてくれるものである。

(　　) 世界のことわざの中には意味が似ているものが驚くほど少ない。

(　　)「親しき仲にも礼儀あり」とは、日本社会を表すことわざの一つである。

(　　) ことわざは文化とは関係ないものが多いので、言語学習には役立たない。

2. 本文に出てくることわざの意味として一致するものをa～eから選びなさい。

(1) 棚からぼた餅　(　　)

(2) 海老で鯛を釣る　(　　)

(3) 言わぬが花　(　　)

(4) 親しき仲にも礼儀あり　(　　)

(5) 出る杭は打たれる　(　　)

a. 世の中には、口に出して言わない方がいいこともある。

b. 値段の安いものや、わずかな努力で価値のあるものを手に入れること。

c. 何もしないのに、幸運に恵まれること。

d. 親密な仲でも礼儀を忘れてはならない。

e. 優れて目立つ人は、かえって周りから邪魔をされる。また出すぎたことをすると周りに憎まれる。

3. 筆者が、ことわざは言語学習にも役立つと考えているのはどうしてですか。理由を60字以内でまとめて書きなさい。

____

____

____

____

____

文型

① ～だけでは

本文 **少し聞いただけではどんな意味か全く分からないだろう。**

- スポーツは見るだけではおもしろくない。
- 外国へ行って、ただ風景を眺めるだけではつまらない。
- 一回会っただけでは、あの人のおもしろさは分からない。

(1) 少し勉強しただけでは ________________

(2) ________________ だけでは、知識人とは言えない。

(3) ________________

(4) ________________

② おそらく

本文 **おそらく人間の心理や生活の知恵には普遍的な部分があるために、自然と似た表現が生まれたのだろう。**

- おそらく彼女はそのことを知っているだろう。
- 相手チームは、おそらくこちらのことを全て詳しく調べているだろう。
- おそらく社長は全ての事件に関わっているに違いない。

(1) 彼があんなに怒ったのは、おそらく ________________

(2) ________________ おそらくいい点が取れるだろう。

(3) ________________

(4) ________________

③ 一方(で)

本文 世界のことわざを比べてみると、意味の似たことわざが多いことに驚く。一方で、その国特有の文化を表すことわざもある。

- 花子は毎日真面目に努力した。一方、桃子は毎日遊びまわっていた。
- 彼に会いたいと思う一方で、会うのが怖いという気持ちもある。
- 日本では子供を産まない女性が増えている。一方、アメリカでは結婚しなくても子供は欲しいという女性が増えている。

(1) 勉強するのは苦しいと思う一方で、＿＿＿＿＿＿＿＿＿＿＿＿

(2) あの人が好きだと思う一方で、＿＿＿＿＿＿＿＿＿＿＿＿

(3) ＿＿＿＿＿＿＿＿＿＿＿＿＿＿＿＿＿＿＿＿

(4) ＿＿＿＿＿＿＿＿＿＿＿＿＿＿＿＿＿＿＿＿

④ ～ばかり(限定)

本文 韓国のことを何も知らない人に「友達が成功して、私はお腹が痛いですよ」と言っても、その人はきょとんとするばかりである。

- うちの子はゲームばかりしている。
- 梅雨になってから、毎日雨ばかりだ。
- 彼は文句を言うばかりで、自分では何もやろうとしない。

(1) 大学に入ってから、毎日 ＿＿＿＿＿＿＿＿＿＿＿＿

(2) 子供の頃は、＿＿＿＿＿＿＿＿＿＿＿＿

(3) ＿＿＿＿＿＿＿＿＿＿＿＿＿＿＿＿＿＿＿＿

(4) ＿＿＿＿＿＿＿＿＿＿＿＿＿＿＿＿＿＿＿＿

考えてみよう

1. 日本語のことわざを調べて、韓国のことわざと似ているものを3つ挙げてください。
2. 韓国特有だと思われることわざを一つ選び、意味を日本語で説明してみましょう。

07

歌舞伎から生まれた言葉

読む前に

❶「歌舞伎《かぶき》」について、何か知っていることはありますか。

❷「十八番《おはこ》」や「二枚目《にまいめ》」という言葉を聞いたことがありますか。

歌舞伎から生まれた言葉

歌舞伎とは、江戸初期に登場した日本を代表する伝統芸能のことである。長い歴史と独特の舞台、役者たちの洗練された演技などによって、現代まで長く日本人に親しまれており、国際的にも高い評価を受けている。一般的によく知られているのは、まるで顔に絵を書いたような派手な化粧や華やかな衣装、男性が女の役を演じる女形、独特の演技と発声法、そして『義経千本桜《よしつねせんぼんざくら》』や『曽根崎心中《そねざきしんじゅう》』などの有名な演目などだろう。しかし、現代の日本語にも歌舞伎に由来する言葉がたくさんあるのを知っている人はどれぐらいいるだろうか。

江戸時代、歌舞伎の台本は「芝居本」として出版され、多くの読者がいた。特に歌舞伎の用語には、生活の中に入り込んで使われていた言葉がたくさんあり、中には現代まで残っているものもある。例えば、得意芸という意味で使われる十八番は、歌舞伎の名門市川家に代々伝わる作品の中から優れた十八本の作品を選んで『歌舞伎十八番』と呼んだのが始まりだ。

また一般的に美男子を指して「二枚目」、かっこよくはないがひょうきんで面白い男性を「三枚目」と言うが、これも歌舞伎から生まれた言葉である。江戸時代の歌舞伎劇場では、いつも看板の二枚目に美男役の俳優を、三枚目には道化役を描いたからだ。更に、ここから発展した「二枚目半」という言葉もある。この他に「花道」「千秋楽」「どんでん返し」「当たり」なども歌舞伎に由来する言葉だと言われている。どれも現代人もよく使う表現だが、その由来を知る人は多くはない。どんな用法があるのか調べてみてもよし、機会があれば、日本語の豆知識として、語源を探るのも楽しいだろう。

語句

伝統芸能《でんとうげいのう》 전통예능

独特《どくとく》 독특

舞台《ぶたい》 무대

役者《やくしゃ》 배우

洗練《せんれん》される 세련되다

演技《えんぎ》 연기

親《した》しむ 즐기다

一般的《いっぱんてき》 일반적

派手《はで》 화려함, 화사함

化粧《けしょう》 화장

華《はな》やか 화려함, 화사함

衣装《いしょう》 의상

演《えん》じる 연기하다

女形《おんながた》 여자 역을 맡은 남자배우

発声法《はっせいほう》 발성법

演目《えんもく》 상연 목록

由来《ゆらい》する 유래하다

台本《だいほん》 대본

出版《しゅっぱん》する 출판하다

入《はい》り込《こ》む 안으로 들어오다

得意《とくい》 자신이 있음

十八番《おはこ》 18번, 자신 있는 것

代々《だいだい》 대대, 역대

優《すぐ》れる 뛰어나다

美男子《びだんし》 미남

二枚目《にまいめ》 미남배우

かっこいい 멋있다

ひょうきん 익살맞음

面白《おもしろ》い 재미있다

三枚目《さんまいめ》 익살꾼

道化役《どうけやく》 익살꾼

二枚目半《にまいめはん》 잘생긴데다가 유머도 있음

花道《はなみち》 화려하게 활약하는 (마지막) 장면

千秋楽《せんしゅうらく》 흥행의 최종일

どんでん返《がえ》し 처지 · 정세 등이 완전히 역전됨

機会《きかい》 기회

豆知識《まめちしき》 작은 지식

探《さぐ》る 찾다, 탐구하다

内容確認

1. 「十八番」「二枚目」「三枚目」の意味として正しいものを選びなさい。

(1) 十八番 ・
(2) 二枚目 ・
(3) 三枚目 ・

・ a. かっこいい男の人
・ b. かっこよくはないが、面白い人
・ c. 自分が苦手な芸
・ d. 自分が得意な芸

2. 歌舞伎とはなんですか。50字以内でまとめなさい。

3. 歌舞伎から生まれた言葉を本文の中から全部抜き出して書きなさい。

文型

① ～とは

本文 歌舞伎とは、江戸初期に登場した日本を代表する伝統芸能のことである。

- 教育ママとは、子供の教育に非常に熱心な母親のことだ。
- キムチチゲとは、キムチを材料にした韓国の代表的な鍋料理のことです。
- 季語とは、季節を表す言葉で、俳句などの中で必ず使われるものだ。

⑴ パソコンとは、＿＿＿＿＿＿＿＿＿＿＿＿＿＿＿＿＿＿

⑵ 猫舌とは、＿＿＿＿＿＿＿＿＿＿＿＿＿＿＿＿＿＿

⑶ ＿＿＿＿＿＿＿＿＿＿＿＿＿＿＿＿＿＿＿＿

⑷ ＿＿＿＿＿＿＿＿＿＿＿＿＿＿＿＿＿＿＿＿

② ～によって

本文 長い歴史と独特の舞台、役者たちの洗練された演技などによって、現代まで長く日本人に親しまれており、国際的にも高い評価を受けている。

- このレストランはここ数年の不景気によってついに店を閉めることとなった。
- 女性の社会進出が進んだことによって、社会的地位もだんだん向上してきた。
- このボランティア活動は、ある学生団体によって運営されているそうです。

⑴ 阪神大震災によって、＿＿＿＿＿＿＿＿＿＿＿＿＿＿＿＿

⑵ 地震予知の研究は日本などの専門家によって、＿＿＿＿＿＿＿＿＿＿

⑶ ＿＿＿＿＿＿＿＿＿＿＿＿＿＿＿＿＿＿＿＿

⑷ ＿＿＿＿＿＿＿＿＿＿＿＿＿＿＿＿＿＿＿＿

③ ～と言われている

本文 この他に「花道」「千秋楽」「どんでん返し」「当たり」なども歌舞伎に由来する言葉だと言われている。

- 「ひらがな」は、もともと漢字の草書体から生まれたと言われています。
- 現在、日本全国に大きい公園が三千ぐらいあると言われています。
- 現在、アメリカは世界一の軍事大国だと言われている。

(1) ____________________、古くから幸運を呼ぶものだと言われていました。

(2)「ハングル」は ____________________

(3) ____________________

(4) ____________________

④ ～として

本文 どんな用法があるのか調べてみてもよし、機会があれば、日本語の豆知識として、語源を探るのも楽しいだろう。

- 私は大学時代に一度観光客としてアメリカに行ったことがある。
- 私は日本語を趣味として勉強しています。
- 今回の事故につきまして、会社側としてできるだけの補償はいたします。

(1) 学生会の一員として ____________________

(2) 私は子供のときから趣味として ____________________

(3) ____________________

(4) ____________________

考えてみよう

1. 本文の「二枚目半」とは、どういう意味だと思いますか。
2. 「千秋楽」「どんでん返し」「当たり」の意味を調べてみましょう。

コラム

3K、3高、3低

日本のある時代を象徴する言葉として、「3K」、「3高」、「3低」がある。「3K」は、1980年代から1990年代に流行した言葉で、仕事が「きつい」、「汚い」、「危険」であることを表わし、肉体労働や、労働条件の厳しい仕事に使われる。当時、特に若年層がこういった仕事を避けようとする傾向が目立っていた。現在もこのような傾向は続き、人手不足が深刻な問題になっている。また、同じく1980年代、バブル絶頂の時に現れた流行語が「3高」である。これは当時の理想の男性像を表したもので、「高収入」、「高学歴」、「高身長」という意味だ。もっとも、バブルがはじけてからは、女性の価値観も多少変わったようで「3低」という言葉が使われるようになった。「低姿勢(腰が低く、レディーファースト)」、「低リスク(解雇される危険が低い職業)」、「低依存(束縛せずに、お互いを尊重できる男性)」という意味だそうだ。強くて見た目がよく、お金のある男性よりも、安定していて自分を尊重してくれる男性を選びたいという最近の女性の価値観を表していると言えそうだ。

08

国際感覚とは何か

読む前に

❶ 日本人というと、どんなイメージがありますか。思いつくものを言ってみましょう。
アメリカ人、イタリア人、インド人だったらどうでしょうか。

❷ あなたが実際に知っているその国出身の人は、そのイメージ通りですか。

国際感覚とは何か

21世紀のグローバル社会を生きるこれからの若者は、自分と同じ国の人々だけでなく、様々なバックグラウンドを持った人々と付き合っていかなければならない。そのために国際感覚が必要であるとよく耳にするが、国際感覚とは一体何だろうか。英語が流暢に話せることだろうか。たくさんの国に旅行した経験があることだろうか。答えは否である。国際感覚とは、自分と異なる文化で育った人とうまく付き合う能力のことである。

では、国際感覚を養うために必要なことは何だろうか。よく知られているように、国によって習慣やマナーは異なっている。例えば、韓国人はご飯を主にスプーンで食べるが、日本人は箸で食べるし、インド人は手で食べる。これらは全てそれぞれの国のマナーに適った方法だ。西洋では挨拶で友達の頬にキスをしたり軽く抱き合ったりするが、韓国や日本では恋人や小さい子供以外に同じことをするのは考えられないだろう。馴染みのない習慣や考え方を「変だ！」と一言で片付けずに、違いを受け入れて、互いに尊重することが大事なのだが、これが頭で思うほど簡単ではない。

また、出身文化による固定したイメージを持つことを、ステレオタイプと言う。例えばよく「韓国人はせっかちだ」と言うが、これも一つのステレオタイプになる。「韓国人はせっかちだ」「金さんは韓国人だ」「金さんはせっかちだ」と単純な解釈をしてしまう場合がそうだ。言うまでもないことだが、韓国人だからといって全ての人がせっかちなわけではない。のんびりした人もいれば、穏やかな人もいる。しかし、ステレオタイプを強く持った状態では、相手がどんな行動をしても「○○人」という色眼鏡で見ることになり、その人の本当の姿が見えなくなってしまう。

相手と自分の育った環境が違うことを認め、違いを尊重すること。国籍に捉われず、目の前の個人と一人の人間として付き合うこと。この二つのバランスを保つことが、外国語が自由自在に話せることよりも役に立つ、国際感覚のエッセンスである。

語句

国際感覚《こくさいかんかく》 국제 감각

グローバル社会《しゃかい》 글로벌사회

バックグラウンド 배경

付《つ》き合《あ》う 사귀다

耳《みみ》にする 듣다

一体《いったい》 도대체

流暢《りゅうちょう》に 유창하게

異《こと》なる 다르다

育《そだ》つ 자라다

養《やしな》う 기르다

習慣《しゅうかん》 습관

マナー 매너

箸《はし》 젓가락

全《すべ》て 모든

適《かな》う 꼭 맞다

挨拶《あいさつ》 인사

頬《ほお》 볼

抱《だ》き合《あ》う 서로 끌어안다

馴染《なじ》み 친숙함

一言《ひとこと》 한마디 말

片付《かたづ》ける 정리하다

受《う》け入《い》れる 받아들이다

尊重《そんちょう》する 존중하다

大事《だいじ》だ 중요하다

固定《こてい》する 고정하다

せっかちだ 성급하다

単純《たんじゅん》だ 단순하다

解釈《かいしゃく》 해석

のんびりする 한가롭다

穏《おだ》やかだ 차분하다

状態《じょうたい》 상태

色眼鏡《いろめがね》 색안경

環境《かんきょう》 환경

認《みと》める 인정하다

国籍《こくせき》 국적

捉《とら》われる 얽매이다

保《たも》つ 지키다

自由自在《じゆうじざい》 자유자재

役《やく》に立《た》つ 도움이 되다

エッセンス 본질

内容確認

1. 本文と同じ意味のものに○をつけなさい。

(　　) 日本では、挨拶で友達の頬にキスをする。
(　　) 韓国ではご飯を主にスプーンで食べる。
(　　) 様々なバックグラウンドを持った人と付き合うために国際感覚が必要だ。
(　　) 金さんは韓国人だからせっかちだという考えはステレオタイプではない。

2. ステレオタイプとはどういうことですか。本文から抜き出して20字以内で書きなさい。

____
____
____
____
____
____

3. 「国際感覚」の説明として正しいものを二つ選びなさい。

(1) 外国語が自由に話せ、たくさんの国に旅行した経験があること。
(2) 自分と異なる文化で育った人とうまく付き合う能力のこと。
(3) 相手がどんな行動をとっても、色眼鏡で見ること。
(4) 国籍に関係なく、目の前の個人と一人の人間として付き合うこと。
(5) 自分の育った環境が一番だと思うこと。

文型

① ～なければならない

本文 様々なバックグラウンドを持った人々と付き合っていかなければならない。

- 大学に入学するためには、試験を受けなければならない。
- 新聞社で働くためには、政治に詳しくなければならない。
- 子供が遊ぶ公園は、いつも安全でなければならない。

(1) 毎日学校へ ____________________

(2) 寒くても ____________________

(3) ____________________

(4) ____________________

② ～たり　～たり

本文 西洋では挨拶で友達の頬にキスをしたり軽く抱き合ったりする。

- 子どもは笑ったり泣いたり、表情がころころ変わる。
- うれしかったり、悲しかったりするのが人生だ。
- 静かだったりうるさかったり、この子はよく分からない子だ。

(1) 日本に旅行したら、____________________

(2) 彼は最近料理を ____________、裁縫を ____________

(3) ____________________

(4) ____________________

③ ～からといって

本文 韓国人だからといって全ての人がせっかちなわけではない。

- 小学生だからといって、何も分からないわけではない。
- 休みだからといって、勉強しないのはよくない。
- 連絡がしばらくないからといって、病気だとは限らない。

(1) 大人だからといって、＿＿＿＿＿＿＿＿＿＿＿＿＿＿＿＿

(2) 納豆が体によいからといって、＿＿＿＿＿＿＿＿＿＿＿＿＿

(3) ＿＿＿＿＿＿＿＿＿＿＿＿＿＿＿＿＿＿＿＿＿＿＿＿＿＿

(4) ＿＿＿＿＿＿＿＿＿＿＿＿＿＿＿＿＿＿＿＿＿＿＿＿＿＿

④ ～わけではない

本文 韓国人だからといって全ての人がせっかちなわけではない。

- あの俳優が出演する映画が、いつもヒットするわけではない。
- レストランで食べる料理が必ずしもおいしいわけではない。
- 全ての人が、運動が好きなわけではない。

(1) 日本人と言っても、＿＿＿＿＿＿＿＿＿＿＿＿＿＿＿＿＿

(2) 友達だからと言って、＿＿＿＿＿＿＿＿＿＿＿＿＿＿＿＿

(3) ＿＿＿＿＿＿＿＿＿＿＿＿＿＿＿＿＿＿＿＿＿＿＿＿＿＿

(4) ＿＿＿＿＿＿＿＿＿＿＿＿＿＿＿＿＿＿＿＿＿＿＿＿＿＿

考えてみよう

1. 「色眼鏡で見る」とはどういうことですか。あなたは色眼鏡で人を見てしまった経験がありますか。
2. 文化の違いで驚いたことはありますか。また、それはどんなことでしたか。
3. 国際感覚を身につけるには、どんなことに気をつけたらいいと思いますか。

09

韓国と日本の食文化

読む前に

❶ 日本の食事のマナーで知っていることを挙げてみましょう。

❷ 韓国に入っている日本の食文化について話してみましょう。

韓国と日本の食文化

韓国と日本の食文化は、よく似ている部分と異なる部分がある。例えば、米を主食にしていること、箸を使うこと、多少味は違うが共に味噌汁があることなどは非常に似ている。しかし、両国で好まれる味や、料理の方法は大分違う。食事のマナーも、異なる点が多いので注意が必要だ。

まず箸についてだが、材質が違うことに加えて、置き方も韓国では縦、日本では横、と異なっている。韓国では箸とスプーンがセットになっているが、日本ではスプーンとフォークがセットだという認識がある。また日本では茶碗を手に持ってご飯を食べるのが作法だが、韓国ではマナー違反である。同じように韓国では女性が片ひざを立ててご飯を食べる光景を見かけるが、日本ではこのような姿でご飯を食べることは行儀が悪いとされている。さらに、何人かが一緒に一つの鍋を囲んで食事をする時、韓国人は鍋に直接スプーンを持っていき、そのまま食べるが、日本人は取り皿に分けて食べる。

この他に異なる点としては、お客に出す食事の量が挙げられる。日本人のお客に食事を多く出しすぎると、大変なことになる。「一粒の米には七人の神様がいる」と教わり、「食事は残さずにきれいに食べるのが礼儀」と信じている日本人は、満腹になっても一生懸命最後まで食べようとすることが多いからだ。せっかく用意してくれた食事を残すのは、準備してくれた人に対して失礼だと考えるのである。ところが韓国では、やっと食べ終わったと思ったら、すぐまたご飯やおかずのお代わりが運ばれてくるので、韓国の習慣をよく知らない人は腰を抜かしてしまう。「韓国に行く時は消化剤が必須だ」という話もあるくらいだ。もし日本人の友達が、出された食事を無理して食べているようなら、「もっとどうぞ」ではなく、「残しても大丈夫ですよ」と言ってあげるのが親切なのかもしれない。

語句

食文化《しょくぶんか》 식문화

異《こと》なる 다르다

米《こめ》 쌀

主食《しゅしょく》 주식

多少《たしょう》 다소

共《とも》に 함께

味噌汁《みそしる》 된장국

非常《ひじょう》に 상당히

好《この》む 좋아하다

大分《だいぶ》 상당히

材質《ざいしつ》 재질

縦《たて》 세로

横《よこ》 가로

認識《にんしき》 인식

茶碗《ちゃわん》 밥공기

手《て》に持《も》つ 손에 들다

作法《さほう》 예절

違反《いはん》 위반

片《かた》ひざ 한쪽 무릎

光景《こうけい》 광경

行儀《ぎょうぎ》 예의범절

鍋《なべ》 냄비요리

囲《かこ》む 둘러싸다

取《と》り皿《ざら》 개인 접시

挙《あ》げる (예 등을)들다

一粒《ひとつぶ》 한 알

教《おそ》わる 배우다

礼儀《れいぎ》 예의

満腹《まんぷく》 배부름

せっかく 애써

用意《ようい》する 준비하다

準備《じゅんび》する 준비하다

やっと 겨우

おかず 반찬

お代《か》わり 추가

運《はこ》ぶ 나르다

腰《こし》を抜《ぬ》かす 깜짝 놀라다

消化剤《しょうかざい》 소화제

必須《ひっす》 필수

残《のこ》す 남기다

内容確認

1. 本文と同じ意味のものに○をつけなさい。

(　　) 韓国と日本の食文化は似ている部分もあるが、異なる部分もある。

(　　) 日本では、スプーンは全く使わない。

(　　) 日本も韓国も、米を主食にしている。

(　　) 韓国で、女性が片ひざを立てて食事をするのはマナー違反である。

2. 韓国と日本の食事マナーで異なる点を5つ挙げなさい。

- ______________________________
- ______________________________
- ______________________________
- ______________________________
- ______________________________

3. 日本人が、出された食事を最後まで一生懸命食べようとするのはなぜですか。選択肢から、本文にあてはまるものを二つ選びなさい。

(1) 消化剤をいつも持ち歩いているから。

(2) 米にも神様がいると教わっているから。

(3) 箸やスプーンにも神様がいると教わっているから。

(4) 用意してくれた料理を残すのが、準備してくれた人への礼儀だと考えるから。

(5) 用意してくれた料理を残すのは、準備してくれた人に対して失礼だと考えるから。

文型

① ～では　～では

本文 日本では茶碗を手に持ってご飯を食べるのが作法だが、韓国ではマナー違反である。

- 会社では仕事をして、家ではくつろぐ。
- 北海道では雪が降るが、沖縄では降らない。
- 日本では家の中で靴を脱ぐが、西洋では脱がない。

(1) 学校では ＿＿＿＿＿＿＿＿、家では ＿＿＿＿＿＿＿＿

(2) 韓国では ＿＿＿＿＿＿＿＿＿＿＿＿＿＿＿＿

(3) ＿＿＿＿＿＿＿＿＿＿＿＿＿＿＿＿＿＿＿＿

(4) ＿＿＿＿＿＿＿＿＿＿＿＿＿＿＿＿＿＿＿＿

② ～う/ようとする

本文 満腹になっても一生懸命最後まで食べようとすることが多いからだ。

- 子どもが料理を作ろうとしている。
- お酒をやめようとしたが、ついにやめることはできなかった。
- ちょうど家を出ようとした時、雨が降ってきた。

(1) 日本語の新聞を ＿＿＿＿＿＿＿＿＿＿＿＿＿＿＿＿

(2) 金さんは来年から大学で ＿＿＿＿＿＿＿＿＿＿＿＿

(3) ＿＿＿＿＿＿＿＿＿＿＿＿＿＿＿＿＿＿＿＿

(4) ＿＿＿＿＿＿＿＿＿＿＿＿＿＿＿＿＿＿＿＿

③ ～たら

本文 やっと食べ終わったと思ったら、すぐまたご飯やおかずのお代わりが運ばれてくるので、韓国の習慣をよく知らない人は腰を抜かしてしまう。

- 外出しようと思ったら、雨が降ってきた。
- 赤ちゃんが泣き止んだと思ったら、今度は猫の鳴き声がしてきた。
- 映画を見ようと思って出かけたら、映画館が休みだった。

(1) 家で休もうと思ったら、＿＿＿＿＿＿＿＿＿＿＿＿

(2) 電話しようとしたら、＿＿＿＿＿＿＿＿＿＿＿＿

(3) ＿＿＿＿＿＿＿＿＿＿＿＿＿＿＿＿＿＿＿＿

(4) ＿＿＿＿＿＿＿＿＿＿＿＿＿＿＿＿＿＿＿＿

④ ～くらい(ぐらい)

本文 「韓国に行く時は消化剤が必須だ」という話もあるくらいだ。

- 昨日は疲れて一歩も歩けないくらいだった。
- 彼の才能はすばらしく、国が認めるくらいだ。
- 山下さんは、毎日本屋に通っているくらいですから、とても本が好きなんでしょう。

(1) 韓国の食事は量が多いので、＿＿＿＿＿＿＿＿＿＿＿＿

(2) 日本は＿＿＿＿＿＿＿＿＿＿＿＿と言われるくらいだ。

(3) ＿＿＿＿＿＿＿＿＿＿＿＿＿＿＿＿＿＿＿＿

(4) ＿＿＿＿＿＿＿＿＿＿＿＿＿＿＿＿＿＿＿＿

考えてみよう

1. 日本と韓国の食文化の違いについて気づいたことを言ってみましょう。

2. 違う国の人と食事をするときに、気をつけることを考えてみましょう。

コラム

日本の三大芸能

日本の三大芸能、特に古典芸能の代表は、能《のう》、歌舞伎《かぶき》、文楽《ぶんらく》である。どれも、伝統的な舞台芸術だが、それぞれ特徴がある。歌舞伎は、舞踏、音楽、演劇の要素が一体となった舞台劇である。日本で歌舞伎を見られるのは、主に専用の劇場で、一番有名なのは銀座《ぎんざ》の有楽町《ゆうらくちょう》にある「歌舞伎座《かぶきざ》」である。建物自体が築50年を超え、歴史を感じさせる景観から国の有形文化財にもなっている。歌舞伎が派手な化粧と衣装を用いて、大げさな動きをするのに対して、能は、表情のない能面《のうめん》という仮面を用いる。動きが非常に制約された静かな劇であり、にぎやかな歌舞伎とは対照的だ。薪能《たきぎのう》という野外で行なう能も、鑑賞にいいだろう。文楽は、人形を用いた劇であり、物語の語り手である「浄瑠璃語り《じょうるりかた》」、音楽を担当する「三味線弾き《しゃみせんひ》」、人形を操る「人形遣い《にんぎょうつか》」で構成されている。それぞれ、劇場の他に、地方での公演や海外公演、子供たちのために学校を回って劇を見せる催しなどがある。ただし、歌舞伎、能、文楽のいずれも、現代の日本語とは異なる古文に近い言葉を使っているので、台詞が理解しにくいのが難点である。なお、能、文楽、歌舞伎は、それぞれ2001年、2003年、2005年にユネスコの世界無形遺産に登録されている。

10

泣かない日本人？

読む前に

❶ あなたは、悲しい時や腹が立った時、よく泣いたり怒ったりする方ですか。

❷ 自分の気持ちをよく表現する人とあまりしない人がいますが、あなたの周りの人々はどうですか？

泣かない日本人？

日本では、大きな事故や災害が起きた時、インタビューを受ける人が大きい声で泣いたり、激しく怒ったりする光景はあまり見られない。むしろ、ショックや悲しみをこらえて大げさに表現しないのが普通である。事故や災害の原因と状況によっても多少異なるが、「皆さんにご心配をおかけして申し訳ない」「皆さんの心遣いがありがたいです」などと、周囲の人々や社会に対する配慮や感謝の表現を使うことも珍しくない。しかし、こういった対応は、外国人の目には不思議に映るようだ。地震や大きな事故の報道を見た後に、「どうして、家族が亡くなったのに泣かないんですか」「あまり悲しくなさそうですね」という感想をしばしば耳にする。では、日本人はこんな時、本当に悲しくないのだろうか。

人間の感情は普遍的なものだが、表現の仕方には文化の違いが表れる。例えば、韓国では身内の葬式で声を上げて泣くのが礼儀だが、日本では嘆き悲しむ遺族を「そんなに悲しんだら故人が心配する」と言って慰める。反対に、夫を亡くした妻が涙をあまり見せずに葬式に出れば、「気丈な奥さんだ」「どんなにか辛いだろうに」と人々は感心し、同情が集まる。これは、単純にその奥さんが泣かないから悲しんでいないと判断するのではなく、夫が亡くなって非常に辛いにも関わらず、それを我慢して葬式では立派にふるまっているということを評価しているのだ。つまり、奥さんが涙を見せなくても、辛く苦しい心情を人々が感じ取っているのである。

このように、その人の立場や状況、雰囲気から相手の気持ちを想像することを「気持ちを察する」と言う。大変な状況にいる相手に対する「ご心中お察しします」という挨拶や「以心伝心」という言葉には、日本の「察しの文化」がよく表れている。殊更に感情表現をしなくても相手が分かってくれるだろうという期待が日本人にはあるため、表現不足で相手に真意が伝わらず、外国人に誤解を受けることも少なくない。しかし、「察しの文化」を知れば、「顔で笑って心で泣いて」という言葉の意味が理解できるようになるはずだ。

語句

事故《じこ》 사고

災害《さいがい》 재해

起《お》きる 일어나다

インタビュー 인터뷰

受《う》ける 받다

泣《な》く 울다

怒《おこ》る 화내다

不思議《ふしぎ》に 이상하게

映《うつ》る 비치다

亡《な》くなる 죽다

悲《かな》しい 슬프다

感想《かんそう》 감상

普遍的《ふへんてき》 보편적

表現《ひょうげん》 표현

仕方《しかた》 방법

表《あらわ》れる 나타나다

葬式《そうしき》 장례식

声《こえ》を上《あ》げる 소리를 지르다

礼儀《れいぎ》 예의

故人《こじん》 고인

心配《しんぱい》する 걱정하다

慰《なぐさ》める 위로하다

亡《な》くす 잃다

涙《なみだ》 눈물

気丈《きじょう》だ 당차다

辛《つら》い 괴롭다

感心《かんしん》 감탄

同情《どうじょう》 동정

集《あつ》まる 모이다

ふるまう 행동하다

立場《たちば》 입장

状況《じょうきょう》 상황

雰囲気《ふんいき》 분위기

想像《そうぞう》する 상상하다

察《さっ》する 헤아리다

殊更《ことさら》に 새삼스럽게

期待《きたい》 기대

誤解《ごかい》 오해

内容確認

1. **本文と同じ意味のものに○をつけなさい。**

(　　) 韓国人と日本人は感情が違うので、表現も違う。

(　　) 感情は世界共通だが、どのように表現するかは文化によって違う。

(　　) 日本人が悲しい時に感情を大げさに表現しないのは、実はあまり悲しくないからだ。

(　　) 日本では、夫の葬式の時に泣かない奥さんはえらいと言われることがある。

2. **「気持ちを察する」とはどういうことですか。本文から抜き出して、30字以内で書きなさい。**

____

____

____

____

____

3. **「気持ちを察する」例として正しいものを二つ選びなさい。**

⑴ 妹がかわいがっていた猫が死んだ。家族の前では泣かないけど、きっととても悲しいだろう。

⑵ 明日は大学受験だ。私はとても緊張している。

⑶ 私の父は、いつも勉強しなさいとうるさい。父は私の気持ちを全然理解していないと思う。

⑷ 友達の好きな人に恋人ができた。元気のない友達を見ると、私も胸が痛い。

⑸ 来週、家族で海外旅行に行く予定だ。私は初めての外国なので今から楽しみだ。

文型

① ～そうだ(様態)

本文 あまり悲しくなさそうですね。

- その本はおもしろそうだ。
- 明日は傘を持って行った方がよさそうだ。
- あの人は、なんだか楽しくなさそうだ。

(1) (曇り空を見て) 今日は雨が ______________________

(2) 日本語は ____________ ですが、中国語は ______________

(3) ______________________________

(4) ______________________________

② ～ても(でも)

本文 殊更に感情表現をしなくても相手が分かってくれるだろう。

- この本は、何度読んでもよく分からない。
- 国に帰っても、ここで会った人々の親切は忘れないだろう。
- たとえ両親に反対されても、彼との結婚は絶対あきらめない。

(1) 体が疲れていても、______________________

(2) お金がなくても、______________________

(3) ______________________________

(4) ______________________________

③ ～ようになる

本文 「顔で笑って心で泣いて」という言葉の意味が理解できるようになる。

- 日本語が上手に話せるようになりました。
- 近所の子供は最近きちんと挨拶するようになった。
- 赤ちゃんはハイハイするようになりました。

(1) 日本語を一生懸命勉強したら、＿＿＿＿＿＿＿＿＿＿

(2) 私の友達の＿＿＿＿＿さんは、最近 ＿＿＿＿＿＿＿＿＿＿

(3) ＿＿＿＿＿＿＿＿＿＿＿＿＿＿＿＿＿＿＿＿

(4) ＿＿＿＿＿＿＿＿＿＿＿＿＿＿＿＿＿＿＿＿

④ ～はずだ

本文 「察しの文化」を知れば、「顔で笑って心で泣いて」という言葉の意味が理解できるようになるはずだ。

- 今は人通りが多くにぎやかなこの辺りも、昔は静かだったはずだ。
- あれから十年経ったのだから、もうあの子も大人になったはずだ。
- A：竹下部長も明日の会議に出席するんですか。
  B：いや、今週は名古屋に行くと言っていたから、明日の会議には来ないはずだよ。

(1) 今は日本語が上手な先生も、昔は ＿＿＿＿＿＿＿＿＿＿

(2) ＿＿＿＿＿さんは、来年の今頃は ＿＿＿＿＿＿＿＿＿＿

(3) ＿＿＿＿＿＿＿＿＿＿＿＿＿＿＿＿＿＿＿＿

(4) ＿＿＿＿＿＿＿＿＿＿＿＿＿＿＿＿＿＿＿＿

考えてみよう

1.「以心伝心」とはどういう意味ですか。あなたは誰かと以心伝心したと感じたことがありますか。

2.「顔で笑って心で泣いて」とは、どんな時に使う言葉だと思いますか。このように、表情と気持ちが違う経験をしたことがありますか。

3. 韓国人と日本人の感情表現の似ているところ、違うところについて考えてみましょう。

11

わたしが出会った日本人

読む前に

❶ みなさんは外国人に対してどんな印象をもっていますか。

❷ あなたの考える日本人について話してみましょう。

わたしが出会った日本人

私は、大学を卒業してから勉強のために日本に渡った。生活に慣れるまでは、アパート探しにバイト探しにと苦労が絶えなかったが、周りの日本人に助けられ、励まされながら、十年にわたる留学を無事に終えることができた。

私が中山光男さんに出会ったのは、留学生活を始めて半年をちょっと過ぎた頃である。中山さんは白髪の多い、優しい顔をしたおじいさんで、町で古本屋を営んでいた。当時、私は日本に知り合いもおらず、人に言えない苦労を重ねていた。中山さんはそんな私に、学校生活や将来の研究のために読まなければならない本、日本人と付き合うためのマナー、国へ帰ってからの仕事に必要な日本に関する知識など、数えきれないほどのことを教えてくれた。また、私の個人的な悩みをはじめ、子供の教育、学校を選ぶ時のアドバイスなど、いくら感謝してもしきれないほどお世話になった。中山さんとの出会いは、私の留学生活を変える一つのきっかけであり、大きな幸運だった。

ある時は、お嬢さんの結婚式に招待してくださったこともあった。日本の結婚式は韓国より厳粛な雰囲気で、招待客の数も韓国に比べると少ない。お客の席も決まっていて、テーブルにはそれぞれの名札が置いてある。このため招待を受ける人は限られていて、留学生が日本人の結婚式に参席する機会は滅多にないのだが、中山さんは私と妻、そして息子まで呼んでくれた。私が将来国に帰って教壇に立った時、学生たちに話すための一つの体験にしてほしいとのことだった。

帰国に際して中山さんのところにあいさつにうかがった時のことである。これまでお世話になったことについて感謝を述べながら、「中山さんに恩返しをするためには、どうすればいいですか」と聞いてみた。すると、中山さんは「人に受けた恩はその人に返すのではなく、あなたの助けを必要とする人に返せばいいんですよ」と言ったのである。自分はなにも要らないという言葉を聞いて、私は胸がいっぱいになった。

中山さんは、私が帰国して三年目に病気で亡くなった。しかし、中山さんが教えてくれた様々なことと思いやりは、私が今、学生たちを教える上で大きな力になっている。

語句

出会《であ》う 만나다

渡《わた》る 건너다

慣《な》れる 익숙해지다

探《さが》す 찾다

苦労《くろう》 고생

周《まわ》り 주위

励《はげ》ます 격려하다

無事《ぶじ》 무사

過《す》ぎる 지나다

白髪《しらが》 백발

古本屋《ふるほんや》 고서점

営《いとな》む 경영하다

知《し》り合《あ》い 지인

将来《しょうらい》 장래

関《かん》する 관(계)하다

数《かぞ》える 세다

個人的《こじんてき》 개인적

悩《なや》み 고민

選《えら》ぶ 고르다

アドバイス 어드바이스

感謝《かんしゃ》 감사

お世話《せわ》になる 신세를 지다

きっかけ 계기

幸運《こううん》 행운

お嬢《じょう》さん 따님, 아가씨

結婚式《けっこんしき》 결혼식

厳粛《げんしゅく》 엄숙

招待客《しょうたいきゃく》 초대객

名札《なふだ》 명찰

滅多《めった》に～ない 좀처럼 ~하지 않는다

教壇《きょうだん》 교단

際《さい》する 즈음하다

うかがう 방문하다

述《の》べる 말하다

恩返《おんがえ》し 보은

受《う》ける 받다

助《たす》け 도움

要《い》る 필요하다

病気《びょうき》 병

亡《な》くなる 죽다

様々《さまざま》 여러 가지

思《おも》いやり 배려, 남을 헤아리는 마음

内容確認

1. 本文と同じ内容のものに○、違うものに×をつけなさい。

(　　) 筆者は十五年ほど日本で暮らした。

(　　) 筆者が中山さんに出会ったのは大きな幸運だった。

(　　) 中山さんが娘さんの結婚式に招待してくれたのは筆者だけだった。

(　　) 中山さんは筆者が帰国してから三年目に病気で亡くなった。

2. 韓国と日本の結婚式の違いを本文から三つ挙げなさい。

____

____

____

____

3. 筆者の胸がいっぱいになったのはどうしてですか。50字以内でまとめなさい。

____

____

____

____

____

____

文型

① ～きれない

本文 国へ帰ってからの仕事に必要な日本に関する知識など、数えきれないほどのことを教えてくれた。

- この本はとても難しくて、一晩ではとても読みきれない。
- 妻は買い物に行くと、いつも手に持ちきれないほどの荷物を抱えて帰ってくる。
- お腹が空いていたので、大盛りを頼んだが、結局食べきれなかった。

(1) こんなにお酒を用意しても ＿＿＿＿＿＿＿＿＿＿＿＿＿＿＿＿

(2) ＿＿＿＿＿＿＿＿＿＿＿＿＿＿ 最後までこらえきれなかった。

(3) ＿＿＿＿＿＿＿＿＿＿＿＿＿＿＿＿＿＿＿＿＿＿＿＿

(4) ＿＿＿＿＿＿＿＿＿＿＿＿＿＿＿＿＿＿＿＿＿＿＿＿

② ～をはじめ

本文 私の個人的な悩みをはじめ、子供の教育、学校を選ぶ時のアドバイスなど、いくら感謝してもしきれないほどお世話になった。

- お父様をはじめ、ご家族の皆様にもよろしくお伝えください。
- 新しい車はソウルをはじめ、全国のおもな都市で売り出された。
- 私は日本に来てから保証人をはじめ、多くの方にいろいろとお世話になっています。

(1) 今回のシンポジウムには言語学者をはじめ、＿＿＿＿＿＿＿＿＿＿＿＿

(2) 今年のオリンピックには、＿＿＿＿＿＿＿＿＿＿＿＿＿＿＿＿

(3) ＿＿＿＿＿＿＿＿＿＿＿＿＿＿＿＿＿＿＿＿＿＿＿＿

(4) ＿＿＿＿＿＿＿＿＿＿＿＿＿＿＿＿＿＿＿＿＿＿＿＿

③ ～ほど

本文 いくら感謝してもしきれないほどお世話になった。

- きのうは足が痛くなるほどたくさん歩きました。
- 悩んでいたとき、友人が話を聞いてくれて、涙が出るほどうれしかった。
- うちの子供が通っている小学校は、車に乗るほど遠くはない。

(1) ＿＿＿＿＿＿＿＿＿＿＿＿＿＿＿＿ もう一歩も歩けないほど疲れた。

(2) 木村さんの病気は ＿＿＿＿＿＿＿＿＿＿＿＿＿＿＿＿ ほど重くない。

(3) ＿＿＿＿＿＿＿＿＿＿＿＿＿＿＿＿＿＿＿＿＿＿＿＿

(4) ＿＿＿＿＿＿＿＿＿＿＿＿＿＿＿＿＿＿＿＿＿＿＿＿

④ すると

本文 「どうすればいいですか」と聞いてみた。すると、中山さんは「あなたの助けを必要とする人に返せばいいんですよ」と言ったのである。

- 上の子が泣きました。すると、下の子も泣き出しました。
- おじいさんが竹を二つに割りました。すると、中からかわいい女の子が出てきました。
- 留学したい気持ちを親に話してみた。すると、意外にも応援すると言ってくれた。

(1) 宝箱のふたを開けてみました。すると、＿＿＿＿＿＿＿＿＿＿＿＿＿＿＿＿

(2) 恋人のことを友達に言った。すると、＿＿＿＿＿＿＿＿＿＿＿＿＿＿＿＿

(3) ＿＿＿＿＿＿＿＿＿＿＿＿＿＿＿＿＿＿＿＿＿＿＿＿

(4) ＿＿＿＿＿＿＿＿＿＿＿＿＿＿＿＿＿＿＿＿＿＿＿＿

考えてみよう

1. 日本や日本人とのエピソードについて話してみましょう。

2. あなたの国で暮らしている外国人にしてあげられることはなんでしょうか。

コラム

日本三大祭り

日本のお祭りには、実はいくつもの三大がある。三大七夕祭り、三大提灯《ちょうちん》祭り、三大盆《ぼん》踊《おど》り、三大くんち、などなど。東北《とうほく》三大祭り、九州《きゅうしゅう》三大祭り、江戸《えど》三大祭り、大阪《おおさか》三大祭りなど、地方や都市ごとにも三大祭りがあり、あまりにも多くてまとめきれないほどである。また、三つのお祭りとはどの祭りをさすのかについても、いろいろな説がある。三大祭りが行なわれる場所は京都《きょうと》、大阪《おおさか》、東京《とうきょう》の三ヵ所なのだが、それぞれ祭りの多い地域なので、代表を一つに絞りきれないのだろう。一般的には祇園《ぎおん》祭り(京都)、天神《てんじん》祭り(大阪)、神田《かんだ》祭り(東京)だとされているが、他にも葵《あお》祭り(京都)、住吉《すみよし》祭り(大阪)、山王《さんのう》祭り(東京)だという主張もある。また、日本三大祭り以外にも、東北《とうほく》三大祭りの一つ、青森《あおもり》ねぶた祭りや、三大提灯祭りの秋田竿燈《あきたかんとう》祭りなども非常に有名で、毎年全国からお祭り目当ての観光客が押し寄せる。珍しいものでは、日本三大奇祭《きさい》に含まれる裸《はだか》祭り(愛知《あいち》)やなまはげ(秋田《あきた》)が挙げられるだろう。裸祭りは、その名の通り、ふんどし一枚の裸の男たちによる祭りで、なまはげは、街の住民の中で選ばれた男性が怖い面をつけて民家を回り、「いい子になるように」という願いを込めて子供たちを怖がらせる催しだ。一口にお祭りといっても、実に千差万別である。

12

韓国人の優しさ

読む前に

❶ あなたは道で外国人に声をかけられたらどうしますか。

❷ 韓国人は外国人に対して優しいと思いますか。

韓国人の優しさ

私は韓国に住む一人の日本人である。今日は、私が韓国人の優しさについて少し理解できるようになった出来事について話そうと思う。

韓国に来て三ヶ月くらい経った頃のことだ。当時、私は挨拶程度の韓国語しかできなかったが、あれこれと世話を焼いてくれるハンさんという友達のおかげで、生活にひどく困ることはなかった。

ある日、慣れない海外生活の無理がたたったのか、私はひどい風邪を引いて寝込んでしまった。布団にくるまって熱にうなされながら、家族も親戚もいない土地で一人きりだと考えたら、心細くて涙がぽろぽろ出てきた。その時電話が鳴った。「もしもし」「もしもし、ハンですけど」「ああ、こんにちは…ゴホッゴホッ」咳き込む私にハンさんは「風邪ですか。今から私が行きますから、待っていてください。一緒に私の家に行きましょう」と言った。「えっ…」、病人を外に連れ出すなんて、何を考えているんだろう。日本人だったらこんな時、静かに休ませてくれるのに…。私は困惑する気持ちを押さえることができなかった。

ハンさんの家に着いた時、私はぐったりしていた。ハンさんのお母さんは「アイゴー、こんなに熱を出して。さあ、家に入って休みなさい」と言って私を部屋に入れ、おかゆを食べさせ、薬を飲ませてくれた。知らないうちに寝てしまい、しばらくして目が覚めた時、私は気づいた。ハンさんは、お母さんの温かい看病を受けてほしくて、私を自分の家まで連れてきたのだ。そして、お母さんは、まるで自分の娘のように私を心配してくれていたのだ。二人の気持ちがうれしくて、今度は温かい涙が出てきた。

日本人は、まず相手の気持ちを考える「思いやり」を大事に思っている。そのため、韓国人の親切は時に積極的過ぎて、「ありがた迷惑」だと感じることもある。しかし、私はこの時の体験以来、何かが変わった。異国での暮らしで辛いことがあると、いつもあの出来事を思い出す。私が今も韓国で暮らしているのは、私が出会った韓国人の優しさのおかげだと思っている。

語句

優《やさ》しさ 친절함, 상냥함

出来事《できごと》 사건

経《た》つ 지나다

当時《とうじ》 당시

あれこれと 여러 가지로

世話《せわ》を焼《や》く 보살피다

困《こま》る 어려움을 겪다

たたる 화근이 되다

風邪《かぜ》を引《ひ》く 감기에 걸리다

寝込《ねこ》む 몸져눕다

布団《ふとん》 이불

くるまる 뒤집어쓰다

うなされる 시달리다, 가위눌리다

親戚《しんせき》 친척

きり ~만, 뿐

心細《こころぼそ》い 허전하다

涙《なみだ》 눈물

ぽろぽろ 똑똑

電話《でんわ》が鳴《な》る 전화가 울리다

ゴホッゴホッ 콜록콜록

咳《せ》き込《こ》む 몹시 콜록거리다

連《つ》れ出《だ》す 데리고 나가다

静《しず》かだ 조용하다

ぐったり 축 늘어짐

おかゆ 죽

しばらく 얼마 동안

目《め》が覚《さ》める 정신을 차리다

気《き》づく 깨닫다

温《あたた》かい 따뜻하다

心配《しんぱい》する 걱정하다

思《おも》いやり 배려

大事《だいじ》だ 중요하다

積極的《せっきょくてき》 적극적

過《す》ぎる 지나치다

ありがた迷惑《めいわく》 달갑잖은 친절

体験《たいけん》 체험

異国《いこく》 이국

暮《く》らす 살다

辛《つら》い 괴롭다

思《おも》い出《だ》す 생각해 내다

内容確認

1. 本文と同じ意味のものに○をつけなさい。

(　　) ハンさんが風邪を引いたとき、「私」は自分の家にハンさんを連れて行った。
(　　) 「私」はハンさんが世話を焼いてくれたことに感謝した。
(　　) 「私」が今も韓国で暮らしているのは、韓国人のやさしさを少し理解したからだ。
(　　) ハンさんのお母さんはいやいや「私」の面倒をみた。

2. 私が困惑したのはなぜか。説明しなさい。

____
____
____
____
____
____

3. 韓国人と日本人の「優しさ」とはどのようなものだろうか。選択肢から正しいものを二つ選びなさい。

(1) 日本人は、まず相手の気持ちを考える「思いやり」を大事にする。
(2) 韓国人は、まず相手の気持ちを考える「思いやり」を大事にする。
(3) 韓国人にとって、積極的な行動をともなうことが「優しさ」である。
(4) 日本人にとって、積極的な行動をともなうことが「優しさ」である。

文型

① ～う/よう（と思う）

本文 今日は、私が韓国人の優しさについて少し理解できるようになった出来事について話そうと思う。

- 日曜日に留学説明会に行こうと思います。
- 昨日宿題を終えようと思っていたができなかった。
- 彼女にダイヤをあげようと思うので、お金が必要だ。

(1) 明日、学校に ______________________________

(2) これから毎朝、______________________________

(3) ______________________________

(4) ______________________________

② ～おかげで

本文 当時、私は挨拶程度の韓国語しかできなかったが、あれこれと世話を焼いてくれるハンさんという友達のおかげで、生活にひどく困ることはなかった。

- 山田さんが来てくれたおかげで、楽しい会になりました。
- テストでいい点数が取れたのは、勉強を教えてくれた彼のおかげだ。
- インターネットのおかげで、さまざまな情報を手に入れることができるようになった。

(1) ______________________________、朝早く起きられるようになった。

(2) 今年の冬は雪が多かったおかげで、______________________________

(3) ______________________________

(4) ______________________________

③ ～て(で)ください

本文 今から私が行きますから、待っていてください。

- ご飯をつくったので、食べて行ってください。
- もう少し詳しく話してください。
- この表を見てください。

(1) 明日までにこの書類を ______________________

(2) もう少し ______________________

(3) ______________________

(4) ______________________

④ ～(さ)せてくれた

本文 私を部屋に入れ、おかゆを食べさせ、薬を飲ませてくれた。

- 彼女は赤ちゃんを私に抱かせてくれた。
- 早く眠らせてくれないと、明日朝早く起きられないよ。
- 両親は苦労して働いて私を大学に行かせてくれた。

(1) 彼は自分の新しいパソコンを私に ______________________

(2) 友達の __________ は、私においしい日本食を ______________________

(3) ______________________

(4) ______________________

考えてみよう

1. あなたはどのようなときに人の「優しさ」を感じますか。

2. 外国人に誤解されやすい韓国人の行動には、どんなものがあると思いますか。

13

日本人とのコミュニケーション

読む前に

❶ あなたは、「考えてみます」と言われたら、イエスだと思いますか。それともノーだと思いますか。

❷ 日本人のコミュニケーションの方法や意見の言い方は、韓国人と違うと思いますか。

日本人とのコミュニケーション

「田中さん、今日時間あったら一杯どう？」「悪いけど、今日はちょっと…」これは、日本人の典型的な断りのパターンである。日本語を少し勉強した人なら、田中さんが「今日はちょっと都合が悪いから、行けません」と言っていることが分かるだろう。この他にも、日本語の「考えてみます」が断りを、「はい」が時にノーを意味することがあるというのは有名な話である。

このような婉曲な表現が分かりにくいために、「日本人はあまり意見を言わない」「態度が曖昧で、何を考えているのか分からない」などと外国人に不評を買っている。確かに、「言わぬが花」ということわざが示すように、世の中には、はっきり言わない方がいいこともあるという考え方が日本には存在する。特に内容が相手の望まないものである場合、遠まわしな言い方は相手の気分を害さないための配慮でもあり、余計なことを言って自分の立場を悪くしないための世渡りの知恵でもある。また、はっきり言わなくても、なんらかのサインから、聞き手は普通相手の意図を察することができる。お互いに言いにくいことをはっきり口に出さなくても、意志の疎通が可能なのだ。

外国人でもある程度日本語に習熟し、日本人のコミュニケーション様式に慣れてくると、少しずつ日本式の意見の表し方が分かるようになる。表面的な言葉だけでなく、言い方やイントネーション、表情なども重要である。

「考えてみます」という言葉も、積極的な感じではっきり言えばイエスに近く、口ごもるように消極的に言えばノーに近いと判断できる。また、程度の違いこそあれ、似たような考え方が違う国にもあるということも分かってくるはずだ。

ある文化について考察する際には、自分の文化からだけでなく、その文化の内側から見る必要がある。最初は理解できないと思うような習慣でも、その文化の人々にとってはごく普通のことであり、そのように振舞う理由が必ずあるからだ。また、できたら他の文化も視野に入れて相対的に眺めてみると良い。例えば、日本と韓国だけを見ている時には違いばかりが目立つのに、欧米の国と比べてみると二つの国がずいぶん似ているように見えてくるのも、考えてみれば面白いことである。

語句

悪《わる》いけど 미안하지만

典型的《てんけいてき》 전형적

断《ことわ》り 거절

パターン 패턴

婉曲《えんきょく》だ 완곡하다

曖昧《あいまい》だ 애매하다

不評《ふひょう》を買《か》う 악평을 받다

確《たし》かに 확실하게

言《い》わぬが花《はな》 말하지 않는 것이 낫다

考《かんが》え方《かた》 사고방식

望《のぞ》む 바라다

遠《とお》まわし 간접적임

気分《きぶん》を害《がい》する 기분을 망치다

配慮《はいりょ》 배려

余計《よけい》なこと 쓸데없는 것

悪《わる》くする 좋지 않게 하다

世渡《よわた》りの知恵《ちえ》 세상살이의 지혜

聞《き》き手《て》 청자

意図《いと》 의도

察《さっ》する 짐작하다

言《い》いにくい 말하기 힘들다

意志《いし》(の)疎通《そつう》 의사소통

習熟《しゅうじゅく》 익숙해짐

様式《ようしき》 양식

表《あらわ》し方《かた》 표현 방법

表面的《ひょうめんてき》 표면적

口《くち》ごもる 말을 우물거리다

消極的《しょうきょくてき》 소극적

判断《はんだん》する 판단하다

程度《ていど》の違《ちが》い 정도의 차이

考察《こうさつ》する 고찰하다

際《さい》 때

内側《うちがわ》 내면

ごく普通《ふつう》 극히 보통

視野《しや》に入《い》れる 시야를 넓히다

相対的《そうたいてき》に 상대적으로

眺《なが》める 눈여겨보다

目立《めだ》つ 두드러지다

欧米《おうべい》 구미

ずいぶん 상당히

内容確認

1. **本文と同じ内容のものに○、違うものに×をつけなさい。**

（　　）日本では、「今日はちょっと…」と言えば大体断りを意味する。

（　　）日本人の遠まわしな言い方は、外国人に評判が良くない。

（　　）日本人の遠まわしな言い方には、相手の気持ちを思いやるという意味もある。

（　　）ある文化について考える時は、自分の育った文化の常識で考えるべきだ。

2. **下の会話例の「考えてみます」の意味を考えなさい。**

(1) A：我が社の製品をぜひ一度お試しください。
　B：そうですね。前向きに考えてみます。

(2) A：どう？　この前の話、考えてみてくれた？
　B：うん…。でもやっぱり難しいかな…。もうちょっと考えてみるけど…。

(3) A：この仕事はぜひ山田さんにお願いしたいんですよ。
　B：お話はありがたいんですが…。少し考えさせていただけませんか。

3. **筆者の主張を最も適切に表した一文を50字以内で抜き出しなさい。**

文型

① ～なら(限定)

本文 日本語を少し勉強した人なら、田中さんが「今日はちょっと都合が悪いから、行けません」と言っていることが分かるだろう。

- 授業の後なら時間があります。
- あの人なら、結婚してもいいと思った。
- 英語はだめですが、日本語なら話せます。

(1) バイオリンは弾けませんが、＿＿＿＿＿＿＿＿

(2) ＿＿＿＿さんなら、＿＿＿＿＿＿＿＿

(3) ＿＿＿＿＿＿＿＿

(4) ＿＿＿＿＿＿＿＿

② ～(で)もあり、(で)もある

本文 遠まわしな言い方は相手の気分を害さないための配慮でもあり、余計なことを言って自分の立場を悪くしないための世渡りの知恵でもある。

- 彼はこの会社の創始者でもあり、現在の会長でもある。
- 父は私にとって、父親でもあり、人生の先輩でもある。
- 子供の独立はうれしくもあり、さみしくもある。

(1) ＿＿＿＿さんは、私にとって＿＿＿＿＿＿＿＿

(2) 先生は、＿＿＿＿＿＿＿＿

(3) ＿＿＿＿＿＿＿＿

(4) ＿＿＿＿＿＿＿＿

③ ～のだ

本文 お互いに言いにくいことをはっきり口に出さなくても、意志の疎通が可能なのだ。

- やっぱり、私の選択は間違っていなかったのだ。
- どんなことでも、努力する価値のないことはないのだ。
- 私の本当の夢は、やはりピアニストなのだ。

(1) 誰がなんと言っても、私は ______________________

(2) とても緊張する。今日は ______________________

(3) ______________________

(4) ______________________

④ ～にとって(は)

本文 最初は理解できないと思うような習慣でも、その文化の人々にとってはごく普通のことであり、そのように振舞う理由が必ずあるからだ。

- 彼にとっては、この程度の修理はなんでもないことだ。
- 入院中の私にとっては、友人の手紙が何よりもありがたいものだ。
- 度重なるテロが国家の再建にとって大きな痛手となった。

(1) 私にとって、友達は ______________________

(2) 若者にとって ______________________

(3) ______________________

(4) ______________________

考えてみよう

1. あなたは相手の誘いを断る時、どのように言いますか。韓国語と日本語とそれぞれ考えてみてください。二つの言い方を比較してみましょう。
2. 最初は理解できず、後で理解できるようになった外国の習慣がありますか。その経験について話してみましょう。
3. 韓国の習慣の中で、外国人には理解するのが難しいと思うものがありますか。下の例を参考に、日本語で説明してみましょう。
   例1．道端で、女性同士で腕を組んで歩いているのをよく見かけます。どうしてですか？
   例2．どうして本当の兄弟でないのに、年上の友人をお兄さん、お姉さんと呼ぶんですか？
   例3．どうして両親に敬語を使うんですか？

コラム

お笑いタレントビッグスリー

ビッグスリーとは、英語からきた言葉で、ある業界のトップ3を表す。ここでは、日本で知らない人はいないお笑いタレントとして息の長い人気を誇る三人、タモリ、ビートたけし、明石家《あかしや》さんまを紹介しよう。タモリと言えば、サングラス姿にオールバックの髪型がトレードマークだ。月曜から金曜まで毎日昼12時から生放送の「笑っていいとも！」で20年以上司会を務めている。2006年には放送6000回を超えて、単独司会者による生放送番組の最長記録として、ギネスブックにも認定された。ビートたけしは、現在は映画監督北野武として有名だが、もともとは「ツービート」という二人組みの漫才師だった。やがてコンビを解消し、たけし軍団と呼ばれるお笑い集団を率いるなど、お笑いタレントとして活躍した。映画監督として有名になったのはその後であり、日本の視聴者には、たけしはお笑いと監督の二つの顔を持つ男というイメージがある。現在は、タモリは番組の司会者、たけしは監督としての活動が多いが、明石家さんまはデビューから現在まで一貫してお笑いの世界で活躍している。近所のおじさんのような親しみやすい雰囲気と大阪弁で視聴者に愛されており、テレビで彼を見ない日はない。1999年には、「日本でもっとも露出の多いテレビタレント」としてギネスブックに認定された。

14

現代日本の偉人

読む前に

❶ 日本人の中であなたが知っている有名人は誰ですか。

❷ その中で特に好きな人や尊敬している人はいますか。
それはどうしてですか。

現代日本の偉人

一九四一年、その人は東京で生まれ、裕福な家庭で何不自由なく育った。少年の頃、彼は手塚治虫や杉浦茂の描く漫画の世界の虜になった。自分も絵を描くのが得意だった。高校生の時、日本で初めて製作されたカラー長編アニメ映画を見て、衝撃を受け、アニメーションの世界に強い関心を抱くようになった。

やがて彼は大学生になり、迷わず漫画サークルに入ろうとした。しかし、彼が進学した大学には漫画同好会がなかったので、あきらめて児童文学サークルに入った。漫画家志望だった彼は、一刻も早くプロになることを目指して、あちこちの出版社に自作の漫画を持ち込んだが、無名の青年を相手にしてくれるところはなかった。卒業後、彼は漫画家への未練を抱えたまま、東映動画という会社に入社することになった。

ある日のことである。彼は、ソ連の長編アニメ映画『雪の女王』を見た。そして、強い感銘を受け、アニメーションを一生の仕事とする決意をした。それからというもの、彼はめきめきと頭角を現し、あっという間に一つの長編映画『太陽の王子ホルスの大冒険』を作り上げた。この瞬間、現代日本の偉人、アニメ映画監督宮崎駿が誕生したのである。

宮崎駿監督は「アニメは基本的に子供のもの」と公言し、その作品は一貫して子供の目線に立って描かれている。二〇〇一年に発表された『千と千尋の神隠し』は、山小屋で監督が実際に出会った女の子たちのために作られたと言う。物質的に満たされ、ひ弱になった現代の子供たち。しかし、束の間親元から離れ、自然に解き放たれると、驚くほどのたくましさを見せる。『千と千尋の神隠し』には、「子供たちの中に眠っていた力が湧いてくるような映画にしたい」という監督の願いが込められている。

絵の得意だった一人の少年は、世界を舞台に活躍するアニメ映画監督になっただけでなく、子供たちのために物語を紡ぐ、優しいおじさんになったのである。

語句

偉人《いじん》 위인

裕福《ゆうふく》 유복

不自由《ふじゆう》 어려움

漫画《まんが》 만화

虜《とりこ》 포로

得意《とくい》 자신 있음

長編《ちょうへん》 장편

衝撃《しょうげき》 충격

抱《いだ》く 품다

やがて 이윽고

迷《まよ》う 헤매다

同好会《どうこうかい》 동호회

児童文学《じどうぶんがく》 아동문학

志望《しぼう》 지망

一刻《いっこく》 일각, 짧은 시간

目指《めざ》す 목표로 하다

持《も》ち込《こ》む 갖고 들어오다

無名《むめい》 무명

未練《みれん》 미련

抱《かか》える 안다, 껴안다

入社《にゅうしゃ》する 입사하다

感銘《かんめい》 감명

決意《けつい》 결의

めきめき 눈에 띄게

頭角《とうかく》 두각

作《つく》り上《あ》げる 만들어 내다

瞬間《しゅんかん》 순간

監督《かんとく》 감독

公言《こうげん》する 공언하다

一貫《いっかん》する 일관하다

目線《めせん》 눈높이

山小屋《やまごや》 산속 오두막

満《み》たす 충족시키다

ひ弱《よわ》 미약함

束《つか》の間《ま》 잠깐 사이

親元《おやもと》 부모 슬하

解《と》き放《はな》たれる 해방되다

たくましさ 강인함, 다부짐

湧《わ》く 솟아나다

込《こ》める 담다, 기울이다

活躍《かつやく》 활약

紡《つむ》ぐ (실을) 잣다

内容確認

1. 本文と同じ内容のものに○、違うものに×をつけなさい。

(　　) 宮崎駿監督は小さいときから絵を描くのが得意だった。

(　　) 宮崎駿監督は大学で漫画サークルに入った。

(　　) 宮崎駿監督は長編アニメ映画『雪の女王』に強い感銘を受け、アニメーションを一生の仕事とする決意をした。

(　　) 宮崎駿監督の作品は一貫して子供の目線に立って描かれている。

2. 下の文は宮崎駿監督の歩みです。順番を書きなさい。

(　　)『雪の女王』を見て強い感銘を受け、アニメーションを一生の仕事とする決意をした。

(　　) 長編映画『太陽の王子ホルスの大冒険』を作り上げた。

(　　) 漫画同好会がなかったので、あきらめて児童文学サークルに入った。

(　　) 一九四一年、東京で生まれた。

(　　) 東映動画という会社に入社することになった。

(　　) 日本で初めて製作されたカラー長編アニメ映画を見て、衝撃を受けた。

3. 宮崎駿監督が『千と千尋の神隠し』を作ったきっかけを50字以内でまとめなさい。

____

____

____

____

____

____

文型

① やがて

本文 やがて彼は大学生になり、迷わず漫画サークルに入ろうとした。

- 太陽が沈み、やがて月が出てきた。
- 声はだんだんと小さくなり、やがて聞こえなくなりました。
- わたしが日本に来てからやがて二年になる。

(1) やがて夏休みも終わり、＿＿＿＿＿＿＿＿＿＿＿＿

(2) 親は老いてやがて死ぬ。残るのは＿＿＿＿＿＿＿＿＿＿＿＿

(3) ＿＿＿＿＿＿＿＿＿＿＿＿

(4) ＿＿＿＿＿＿＿＿＿＿＿＿

② ～まま

本文 卒業後、彼は漫画家への未練を抱えたまま、東映動画という会社に入社することになった。

- 彼女は帽子をかぶったまま、教室に座っている。
- うちで飼っている犬は、一週間前にいなくなったまま、まだ帰ってこない。
- 十年ぶりにあったが、彼は昔のままだった。

(1) 彼は先週からずっと＿＿＿＿＿＿＿＿＿＿＿＿

(2) このフロアには靴を履いたまま、＿＿＿＿＿＿＿＿＿＿＿＿

(3) ＿＿＿＿＿＿＿＿＿＿＿＿

(4) ＿＿＿＿＿＿＿＿＿＿＿＿

3 ～ことになる

本文 卒業後、彼は漫画家への未練を抱えたまま、東映動画という会社に入社することになった。

- 今度、東京本社に行くことになりました。
- 明日の運動会は予定通り行なわれることになった。
- 十年間の交際の末、二人はついに結婚することになりました。

(1) ＿＿＿＿＿＿＿＿＿＿＿＿＿＿＿＿ 司会を勤めることになった。

(2) 今度、私は ＿＿＿＿＿＿＿＿＿＿＿＿＿＿＿＿

(3) ＿＿＿＿＿＿＿＿＿＿＿＿＿＿＿＿

(4) ＿＿＿＿＿＿＿＿＿＿＿＿＿＿＿＿

4 ～ため（利益・目的）

本文 山小屋で監督が実際に出会った女の子たちのために作られたと言う。

- お父さんは家族のために働いている。
- こんな厳しいことを言うのも君のためだ。
- 疲れを取るためにサウナへ行った。

(1) 子供のために、＿＿＿＿＿＿＿＿＿＿＿＿＿＿＿＿

(2) ＿＿＿＿＿＿＿＿＿＿＿＿＿＿＿＿ ために、一生懸命勉強している。

(3) ＿＿＿＿＿＿＿＿＿＿＿＿＿＿＿＿

(4) ＿＿＿＿＿＿＿＿＿＿＿＿＿＿＿＿

考えてみよう

1. 宮崎駿監督には、アニメの名作が数多くあります。調べて発表してみましょう。
   (1) となりのトトロ
   (2) 風の谷のナウシカ
   (3) もののけ姫
   (4) 耳をすませば

2. 日本の歴史上の人物の中で、織田信長・豊臣秀吉・徳川家康の三人について話してみましょう。

3. 韓国の偉人について話してみましょう。

정답

1課　**家族**

1. ×　○　○　×

2課　**血液型と性格**

1. 鈴木さん—A型　山下さん—O型　田中さん—B型　林さん—AB型
2. ×　○　○　×

3課　**夢**

1. ×　○　×　○

4課　**祭り**

1. ×　○　×　○

3. (2), (4)

5課　**日本人の怖がるもの**

1. ×　○　×
2. (2)

6課　**ことわざで学ぶ日本語**

1. ○　×　○　×
2. (1)－c　(2)－b　(3)－a　(4)－d　(5)－e

7課　**歌舞伎から生まれた言葉**

1. (1)－d　(2)－a　(3)－b

8課 国際感覚とは何か

1. ×　○　○　×

3. (2), (4)

9課 韓国と日本の食文化

1. ○　×　○　×

3. (2), (5)

10課 泣かない日本人?

1. ×　○　×　○

3. (1), (4)

11課 わたしが出会った日本人

1. ×　○　×　○

12課 韓国人の優しさ

1. ×　○　○　×

3. (1), (3)

13課 日本人とのコミュニケーション

1. ○　○　○　×

14課 現代日本人の偉人

1. ○　×　○　○

2. (5) → (6) → (3) → (1) → (4) → (2)

저자 약력

김창남(金昌男)
日本 国立千葉大学 卒業
日本 神田外語大学大学院 修士課程 終了
日本 国立千葉大学大学院 博士課程 終了
文学博士(日本語学・日本語教育学専攻)
(現) 金剛大学校 日本語通訳専攻 教授

이병만(李炳萬)
全南大学校 日語日文学科 卒業
日本 東京学芸大学 国語教育科 碩士 修了
日本 國學院大學 国語学専攻 博士 修了
文学博士(日本語学・敬語専攻)
(現) 漢陽女子大学 日語通訳科 教授

岩井朝乃(いわい あさの)
お茶の水女子大学大学院博士前期課程修了
お茶の水女子大学大学院博士後期課程在学中
人文学 修士. 日本語教育専攻(異文化間コミュニケーション)
(前) 漢陽女子大学日語通訳科 招聘教授
(現) お茶の水女子大学 非常勤講師

일본어다운 일본어 독해 중급

저자 김창남, 이병만, 이와이 아사노
초판 1쇄 발행 2007년 2월 26일
초판 3쇄 발행 2013년 11월 25일

발행인 박효상
편집 신제찬
디자인 손정수
마케팅 이종선, 이태호, 이전희

만든 사람
표지디자인 김미란
본문디자인 신영숙

출판등록 제 10-1835호
발행처 사람in
주소 211-839 서울시 마포구 서교동 378-16 4F
전화 02-338-3555
팩스 02-338-3545
e-mail saramin@netsgo.com
homepage www.saramin.com

책값은 뒤표지에 있습니다.
파본은 바꾸어 드립니다.

ISBN 978-89-6049-026-0